中国出版"走出去"重点图书出版计划立项
北大主干基础课教材立项
北大版商务汉语教材·新丝路商务汉语速成系列

新丝路
New Silk Road Business Chinese

初级速成商务汉语 II
Elementary Speed-up Business Chinese

李晓琪 主编
蔡云凌 编著

北京大学出版社
PEKING UNIVERSITY PRESS

图书在版编目(CIP)数据

新丝路：初级速成商务汉语Ⅱ/李晓琪主编．—北京：北京大学出版社，2010.2
（北大版商务汉语教材·新丝路商务汉语速成系列）
ISBN 978-7-301-13718-5

Ⅰ．新… Ⅱ．李… Ⅲ．商务－汉语－对外汉语教学－教材　Ⅳ．H195.4

中国版本图书馆 CIP 数据核字(2008)第 058503 号

书　　　名：	新丝路——初级速成商务汉语Ⅱ
著作责任者：	李晓琪　主编
责 任 编 辑：	邓晓霞
标 准 书 号：	ISBN 978-7-301-13718-5
出 版 发 行：	北京大学出版社
地　　　址：	北京市海淀区成府路 205 号　100871
网　　　址：	http://www.pup.cn
电 子 邮 箱：	zpup@pup.cn
电　　　话：	邮购部 62752015　发行部 62750672　出版部 62754962
	编辑部 62754144
印 刷 者：	三河市博文印刷有限公司
经 销 者：	新华书店
	889 毫米×1194 毫米　16 开本　6.5 印张　160 千字
	2010 年 2 月第 1 版　2024 年 4 月第 4 次印刷
定　　　价：	42.00 元（附一张 CD）

未经许可，不得以任何方式复制或抄袭本书之部分或全部内容。
版权所有，侵权必究
举报电话：010-62752024　电子邮箱：fd@pup.cn

新丝路商务汉语系列教材简介

近年来，随着中国经济的持续快速发展，中国与其他国家贸易交流往来日益密切频繁，中国在国际社会的政治经济和文化影响力日益显著，与此同时，汉语正逐步成为一个重要的世界性语言。

与此相应，来华学习汉语和从事商贸工作的外国人成倍增加，他们对商务汉语的学习需求非常迫切。近年来，国内已经出版了一批有关商务汉语的各类教材，为缓解这种需求起到了很好的作用。但是由于商务汉语教学在教学理念及教学方法上都还处于起步、探索阶段，与之相应的商务汉语教材也在许多方面都存在着进一步探索和提高的空间。北京大学对外汉语教育学院自2002年起受中国国家汉语国际推广领导小组办公室的委托，承担中国商务汉语考试（BCT）的研发，对商务汉语的特点及教学从多方面进行了系统研究，包括商务汉语交际功能、商务汉语交际任务、商务汉语语言知识以及商务汉语词汇等，对商务汉语既有宏观理论上的认识，也有微观细致的研究；同时学院拥有一支优秀的多年担任商务汉语课程和编写对外汉语教材的教师。为满足社会商务汉语学习需求，在认真研讨和充分准备之后，编写组经过3年的努力，编写了一套系列商务汉语教材，定名为——新丝路商务汉语教程。

本套教程共22册，分三个系列。

系列一，综合系列商务汉语教程，8册。本系列根据任务型教学理论进行设计，按照商务汉语功能项目编排，循序渐进，以满足不同汉语水平的人商务汉语学习的需求。其中包括：

初级2册，以商务活动中简单的生活类任务为主要内容，重在提高学习者从事与商务有关的社会活动的能力；

中级4册，包括生活类和商务类两方面的任务，各两册。教材内容基本覆盖与商务汉语活动有关的生活、社交类任务和商务活动中的常用业务类任务；

高级2册，选取真实的商务语料进行编写，着意进行听说读写的集中教学，使学习者通过学习可以比较自由、从容地从事商务工作。

系列二，技能系列商务汉语教程，8册，分2组。其中包括：

第1组：4册，按照不同技能编写为听力、口语、阅读、写作4册教材。各册注意突出不同技能的特殊要求，侧重培养学习者某一方面的技能，同时也注意不同技能相互间的配合。为达此目的，技能系列商务汉语教材既有分技能的细致讲解，又按照商务汉语需求提供大量有针对性的实用性练习，同时也为准备参加商务汉语考试（BCT）的人提供高质量的应试培训材料。

第2组：4册，商务汉语技能练习册。其中综合练习册（BCT模拟试题集）2册，专项练习册2册（一本听力技能训练册、一本阅读技能训练册）。

系列三，速成系列商务汉语教程，6册。其中包括：

初级2册，以商务活动中简单的生活类任务为主要内容，重在提高学习者从事与商务有关的社会活动的能力；

中级2册，包括生活类和商务类两方面的任务。教材内容基本覆盖与商务汉语活动有关的生活、社交类任务和商务活动中的常用业务类任务；

高级2册，选取真实的商务语料进行编写，着意进行听说读写的集中教学，使学习者通过学习可以比较自由、从容地从事商务工作。

本套商务汉语系列教材具有如下特点：

1、设计理念新。各系列分别按照任务型和技能型设计，为不同需求的学习者提供了广泛的选择空间。

2、实用性强。既能满足商务工作的实际需要，同时也是BCT的辅导用书。

3、覆盖面广。内容以商务活动为主，同时涉及与商务活动有关的生活类功能。

4、科学性强。教材立足于商务汉语研究基础之上，吸取现有商务汉语教材成败的经验教训，具有起点高、布局合理、结构明确、科学性强的特点，是学习商务汉语的有力助手。

总之，本套商务汉语系列教材是在第二语言教材编写理论指导下完成的一套特点鲜明的全新商务汉语系列教材。我们期望通过本套教材，帮助外国朋友快速提高商务汉语水平，快速走进商务汉语世界。

新丝路商务汉语教材编写组
于北京大学勺园

新丝路商务汉语系列教材总目

新丝路商务汉语综合系列　李晓琪　主编	
新丝路初级商务汉语综合教程 I	章　欣　编著
新丝路初级商务汉语综合教程 II	章　欣　编著
新丝路中级商务汉语综合教程(生活篇) I	刘德联　编著
新丝路中级商务汉语综合教程(生活篇) II	刘德联　编著
新丝路中级商务汉语综合教程(商务篇) I	蔡云凌　编著
新丝路中级商务汉语综合教程(商务篇) II	蔡云凌　编著
新丝路高级商务汉语综合教程 I	韩　曦　编著
新丝路高级商务汉语综合教程 II	韩　曦　编著

新丝路商务汉语技能系列　李晓琪　主编	
新丝路商务汉语听力教程	崔华山　编著
新丝路商务汉语口语教程	李海燕　编著
新丝路商务汉语阅读教程	林　欢　编著
新丝路商务汉语写作教程	林　欢　编著
新丝路商务汉语考试阅读习题集	李海燕　编著
新丝路商务汉语考试听力习题集	崔华山　编著
新丝路商务汉语考试仿真模拟试题集 I	李海燕　林　欢　崔华山　编著
新丝路商务汉语考试仿真模拟试题集 II	李海燕　崔华山　林　欢　编著

新丝路商务汉语速成系列　李晓琪　主编	
新丝路初级速成商务汉语 I	蔡云凌　编著
新丝路初级速成商务汉语 II	蔡云凌　编著
新丝路中级速成商务汉语 I	崔华山　编著
新丝路中级速成商务汉语 II	崔华山　编著
新丝路高级速成商务汉语 I	李海燕　编著
新丝路高级速成商务汉语 II	李海燕　编著

编写说明

适用对象

本书是新丝路商务汉语速成系列教材的初级篇,适合汉语初学者学习。学习者学完本书两册后,可用汉语进行日常生活会话,并从事简单的商务活动。

本书特色

本书的特色可以"实用、有趣、灵活、新颖"这四个词语来概括:

1. 紧密结合商务汉语考试(BCT)大纲安排教学内容;
2. 突破教材的固有模式,根据所学内容的不同来安排课文的结构和内容;
3. 围绕商务人士的日常生活、商务活动编写短小精炼的对话和短文;
4. 课文及练习中采用大量的图片、图表;
5. 练习形式丰富多样,并突出加强听说技能训练;
6. 提供与商务活动相关的背景、文化知识介绍。

全书内容及结构

上册:以日常生活为主

课文序列	课文题目	主要内容
1	多少钱?	简单购物
2	几点上班?	时间表达
3	这是我的名片。	简单的自我介绍
4	我父亲是银行职员。	简单介绍家庭成员
5	来一个麻婆豆腐!	点菜、结账
6	我打的去公司。	出行方式

课文序列	课文题目	主要内容
7	天气越来越热了。	天气情况
8	他穿着一套西服。	衣着打扮
9	老板是一个工作狂。	兴趣爱好
10	我是2000年开始工作的。	学习或工作经历
11	男职员是女职员的两倍。	图表说明
12	今年的带薪年假你休了吗?	计划打算

下册：以基本的商务活动为主，以表达功能为纲

课文序列	课文题目	主要内容
1	文件在哪儿?	描述房间布置、人物外貌
2	这是什么材料的?	简要介绍产品
3	塑料的不如木头的舒服。	比较
4	后来呢?	叙述事件过程
5	我能请假吗?	员工请假
6	实在抱歉!	致歉
7	您看这对珍珠耳环怎么样?	建议
8	谢谢你的邀请。	邀请与应邀
9	开业大吉!	祝贺
10	无聊透了!	抱怨
11	过奖了!	夸奖
12	多亏了你们的帮助。	感谢

课文结构及说明

本书上册出现了几大板块，每一板块之下包括词语学习、说明和练

习。对这几大板块的具体说明如下：

板块名称	主要内容	意义
认一认	图片	学习生词
说一说	图片、表格及相应的句子	1.复习生词； 2.进行句式表达
学一学	语法点、表达方式	掌握语法知识和某些特别的表达方式
练一练	1-2个以实际场景为背景的对话或小短文	1.复习前两个板块所学的词汇、句式； 2.掌握会话的承接、连贯等； 3.进行简单的成段表达。
听一听	与课文内容相关的听力练习	复习所学内容，提高听力水平
补充词语	与课文内容相关的词语	扩大词汇量，作为教学内容的补充
文化点击	与课文内容相关的、有关中国国情、文化等的介绍和说明	使学习者了解中国的国情与文化

本书下册在结构上与上册有所不同，由于下册是以表达功能为纲来安排编写的，如描述、说明、道谢、致歉、祝贺等，因此根据所学内容的不同，每课的结构也各不相同，没有固定的板块，这里不再具体说明。

结　语

所谓"智者千虑，必有一失"，本书在编写过程中一定还存在着很多错误和不足，真诚欢迎本书的使用者提出宝贵的意见和建议。

在本书编写和出版的过程中，北京大学对外汉语教育学院李晓琪教授，北京大学出版社邓晓霞编辑、宋立文编辑给予了悉心指导和帮助，在此一并表示感谢。

编者
2009年2月

课 文 目 录
Table of Content

Dì yī kè 第一课 Lesson 1	Wénjiàn zài nǎr? 文件 在 哪儿? Where Is the File?	1
Dì èr kè 第二课 Lesson 2	Zhè shì shénme cáiliào de? 这 是 什么 材料 的? What Is This Made Of?	8
Dì sān kè 第三课 Lesson 3	Sùliào de bù rú mùtou de shūfu 塑料 的 不 如 木头 的 舒服 The Plastic One Is Less Comfortable Than the Wooden One.	14
Dì sì kè 第四课 Lesson 4	Hòulái ne? 后来 呢? And Then?	20
Dì wǔ kè 第五课 Lesson 5	Wǒ néng qǐng jià ma? 我 能 请 假 吗? Can I Ask for a Leave?	27
Dì liù kè 第六课 Lesson 6	Shízài bàoqiàn! 实在 抱歉! I'm Really Sorry!	35
Dì qī kè 第七课 Lesson 7	Nín kàn zhè duì zhēnzhū ěrhuán zěnmeyàng? 您 看 这 对 珍珠 耳环 怎么样? What Do You Think about the Pearl Earrings?	41
Dì bā kè 第八课 Lesson 8	Xièxie nǐ de yāoqǐng 谢谢 你 的 邀请 Thanks for Your Invitation.	48

第九课 *Dì jiǔ kè* Lesson 9	开业 大吉！*Kāiyè dà jí!* Wish You a Great Start!	54
第十课 *Dì shí kè* Lesson 10	无聊 透 了！*Wúliáo tòu le!* It's So Boring!	60
第十一课 *Dì shíyī kè* Lesson 11	过奖 了 *Guòjiǎng le* You're Flattering.	67
第十二课 *Dì shí'èr kè* Lesson 12	多亏了 你们 的 帮助 *Duōkuīle nǐmen de bāngzhù* Thanks for Your Help.	72
附录 一 *Fùlù yī* Appendix 1	听力 录音 文本 *Tīnglì lùyīn wénběn* Listening Script for Recording	78
附录 二 *Fùlù èr* Appendix 2	练习 参考 答案 *liànxí cānkǎo dá'àn* Answers	81
附录 三 *Fùlù sān* Appendix 3	生词 总表 *Shēngcí zǒngbiǎo* Vocabulary List	88
附录 四 *Fùlù sì* Appendix 4	本书 12 个 话题 的 常用 句 *Běnshū shí'èr ge huàtí de chángyòng jù* Common Sentences on 12 Topics of This Book	93

Dì yī kè
第一课
Lesson 1

☆=描述处所
　Describe an locality

☆=描述外貌
　Describie how one looks

Wénjiàn zài nǎr?
文件在哪儿?
Where Is the File?

说明 [Explanation]

1. "边"的用法
   How to use "边"

   方位词+"边"。如：
   Noun of locality+边. E.g.

   上边　下边　左边　右边　东边　南边　西边　北边　外边　里边

新丝路——初级速成商务汉语 II
XINSILU CHUJI SUCHENG SHANGWU HANYU

2. 存在句的三种表达
Three ways to express the sentence of existance

东西+"在"+地方。如：
Something+"在"+locality. E.g.
（1）电脑在桌子上。
（2）书在书架上。
（3）文件在柜子里。
（4）桌子在办公室南边。

地方+"有"+东西。如：
Locality+"有"+something. E.g.
（1）桌子上有一台电脑。
（2）书架上有书。
（3）柜子里有文件。
（4）办公室南边有一张桌子。

地方+动词+"着"+东西。如：
Locality+v.+"着"+something. E.g.
（1）桌子上放着一台电脑。
（2）床上放着书。
（3）柜子里放着很多文件。
（4）办公室南边放着桌子。

练 习 [Exercises]

1. 两个人一组，模仿例子，对画线部分进行替换问答。
Divide the class into groups of two, and practice Q&A according to the example by using other expressions to replace the words underlined.

[例] A: <u>桌子上</u>有什么？　　　B: <u>桌子上</u>有<u>电脑</u>。

（1）A: _____有什么？　　　B: _____有_____。

（2）A: _____有什么？　　　B: _____有_____。

（3）A: _____有什么？　　　B: _____有_____。

（4）A: _____有什么？　　　B: _____有_____。

[例] A: <u>文件</u>在哪儿？　　　B: <u>文件</u>在<u>柜子里</u>。

（1）A: _____在哪儿？　　　B: _____在_____。

（2）A: _____在哪儿？　　　B: _____在_____。

(3) A：_____在哪儿？　　　　　　　B：_____在_____。

(4) A：_____在哪儿？　　　　　　　B：_____在_____。

[例] A：桌子上放着什么？　　　　　B：桌子上放着书。

(1) A：_____放着什么？　　　　　　B：_____放着_____。

(2) A：_____放着什么？　　　　　　B：_____放着_____。

(3) A：_____放着什么？　　　　　　B：_____放着_____。

(4) A：_____放着什么？　　　　　　B：_____放着_____。

2. 小组活动。Group activity.

　　3-4个人一组，每个人分别把自己房间的摆设画在A里，然后向小组成员描述，其他人根据描述在B、C或D中画出其房间。

Divide the class into groups of 3-4. Each draws a picture of her/his room in Box A before describing it to others in the group. And then the other members draw the picture of the room according what they listened to in Box B、C and D.

A	B

C	D

3. 选用存在句的三种表达方式回答问题。

　　Answer the following questions by using one of the sentence pattens to express the sentence of existance.

(1) 张秘书，你看见我的记事本了吗？　　(2) 这是你的办公桌吗？

(3) 哪儿有复印机？　　(4) 书架上有你的照片吗？

词　　语 [Words Study]

根据意思搭配。
Pair the words in different columns.

yàngzi
样子
appearances

A　　　　　　　　　　　　B

(1) gèzi 个子 height　　　　(1) xì 细 thin

(2) yǎnjing 眼睛 eyes　　　　(2) cháng 长 long

(3) tóufa 头发 hair　　　　　(3) gāo 高 tall

(4) liǎn 脸 face　　　　　　(4) dà 大 big

(5) bízi 鼻子 nose　　　　　(5) ǎi 矮 short

(6) zuǐ 嘴 mouth　　　　　　(6) xiǎo 小 small

(7) húzi 胡子 beard　　　　　(7) pàng 胖 fat

　　　　　　　　　　　　　　(8) shòu 瘦 thin

　　　　　　　　　　　　　　(9) duō 多 much

　　　　　　　　　　　　　　(10) shǎo 少 less

　　　　　　　　　　　　　　(11) duǎn 短 short

说明 [Explanation]

描述人的外貌的常用句式
Common sentence patterns on how to describe the appearances.

形容词的重叠式+"的"
Double adj.+"的"
(1) 他的个子高高的。
(2) 小王瘦瘦的。
(3) 头发长长的。

"又"+形容词₁+"又"+形容词₂
"又"+adj.₁+"又"+adj.₂
(1) 头发又黑又长。
(2) 他又矮又瘦。
(3) 眼睛又大又圆。

练习 [Exercises]

1. 两个人一组，看图进行对话练习。
   Divide the class into groups of two, look at the pictures below and practice dialogues.

   A: 张经理长什么样（子）？   B: _____。

   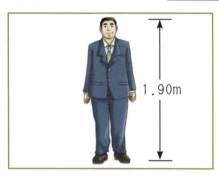

   A: 李秘书长什么样（子）？   B: _____。

A：刘总长什么样（子）？　　　　B：_____。

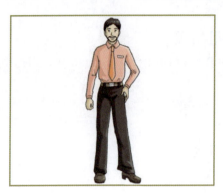

2. 小组活动。
   Group activity.

   3—4人一组，分别向其他人描述一下自己的样子。
   Divide the class into groups of 3-4. Describe how you look like to others.

3. 小游戏。
   Playtime.

   老师把学生的名字分别写在若干纸条上由学生抽签；学生分别描述手中纸条上的人的外貌，其他人来猜。
   The teacher writes the names of students on pieces of paper for students to draw. Then the students should describe the appearances of the one they get on the paper for others to guess who this is.

4. 听力练习。
   Listening comprehension.

   听录音，从ABCD四个选项中选择正确答案。
   Listen carefully and choose the right anwser.

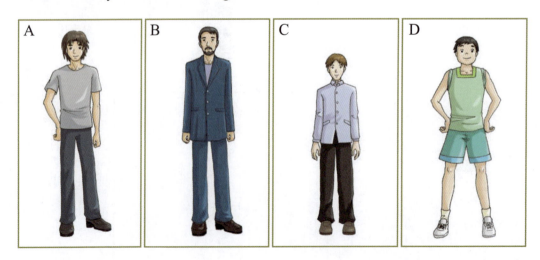

文化点击 (Culture Tips)

中国古典美女形象
Image of a traditional Chinese beauty

中国人眼中的美女：丹凤眼，小巧的鼻子，樱桃小嘴，白净的皮肤，瓜子脸。

Chinese concepts of a beauty: with upward outside corners of the eyes, small and delicate nose, small mouth, white complexion, oval-shaped face.

说说你的国家人们眼中的美女。

Tell others the concepts of a beauty in your country.

Dì èr kè
第二课
Lesson 2

☆=商品名称
  Product name

☆=介绍商品
  Product introduction

Zhè shì shénme cáiliào de?
这是什么材料的?
What Is This Made Of?

产品名称 ▷ (Product Name)

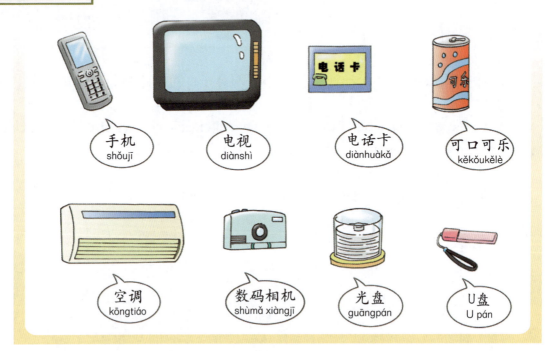

在下面的空白处画出你感兴趣的商品并说出它们的名称。
Draw pictures of things that you're interested in and tell others their names.

产品介绍 ▸ Product Introduction

A. 在介绍某产品时，我们常会介绍以下几个方面：
   When introducing a product, we usually cover the following aspects:

páizi	yánsè	gōngnéng	jiàgé	xíngzhuàng	dàxiǎo	cáiliào
牌子	颜色	功能	价格	形状	大小	材料
brand	color	function	price	shape	size	material

B. 在介绍以上方面时，我们常用到以下的词语：
   In order to introduce these aspects of a product, we need the following words and expressions:

yǒumíng	gāo	jīnshǔ	xīn	liúxíng	guì
有名	高	金属	新	流行	贵
famous	tall	metal	new	popular	expensive

chuántǒng	fāng	quán	xiānyàn	báo	kuān
传统	方	全	鲜艳	薄	宽
traditional	square	complete	bright	thin	wide

cháng	hòu	bōli	pígé	piányi	hēisè
长	厚	玻璃	皮革	便宜	黑色
long	thick	glass	leather	cheap	black

yuán	sùliào	mùtou	qiángdà	límǐ	
圆	塑料	木头	强大	厘米	
round	plastic	wood	strong	centimeter	

C. 请将B中的词语进行归类：
   Classify the words listed in part B accordingly:

形状Shape：_____、_____、_____

牌子Brand：_____、_____、_____

颜色Color：_____、_____、_____

价格Price：_____、_____、_____

功能Function：_____、_____、_____

材料Material：_____、_____、_____

大小Size：_____、_____、_____

对　　话 [Dialogue]

◎ 问产品名称 Asking about the name of a product
　　A：这是什么？　　　　B：这是传真机。

◎ 问形状 Asking about the shape
　　A：什么形状？　　　　B：长方形。

◎ 问大小 Asking about the size
　　A：有多大？　　　　B：长40厘米，宽30厘米，高25厘米。

◎ 问颜色 Asking about the color
　　A：什么颜色？　　　　B：黑色。

◎ 问材料 Asking about the material
　　A：什么材料的？　　　　B：塑料。

◎ 问牌子 Asking about the brand
　　A：什么牌子？　　　　B：佳能（CANON）。

◎ 问价钱 Asking about the price
　　A：多少钱？　　　　B：475美金。

说　　明 [Explanation]

1. "有"+数量结构（+长、宽、高、重、远）
   "有"+quantitative structure (+length, wideth, height, weight, distance)
   （1）你的孩子今年有多大？
   （2）这个箱子有20千克重。
   （3）今天有20多度。

2. 名词成分+"的"（用于转指与此名词成分相关的事物）
   Noun composition+"的"(Referring to something relating to the noun composition)
   （1）这本书是张秘书的。
   　　（"张秘书的"这里指"张秘书的书"）

(2) 桌子是木头的。
　　（"木头的"这里指"木头的桌子"）
(3) 我的手机是三星的。
　　（"三星的"这里指"三星牌的手机"）

练　习 [Exercises]

1. 看图用"有+多+adj."提问，用"有+数量结构（+adj.）"回答。
   Asking questions with the structure "有+多+adj." and answer with the structure "有+quantitative structure+(adj.)" based on the following pictures.

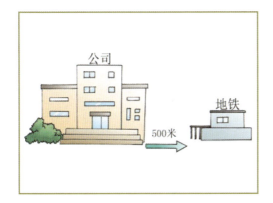
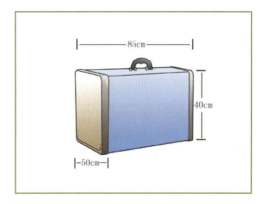
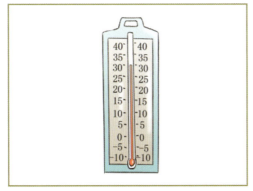
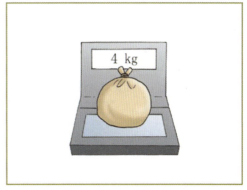

2. 看图用"名词成分+的"说句子。
   Say a sentence with the structure "noun composition+的" based on the following pictures.

文件是_____。

瓶子是_____。

—11—

帽子是_____。　　名片是_____。

3. 两个人一组，选择"产品名称（p.8）"中的产品一问一答。
   Divide the class into groups of two, practicing Q&A on certain product by referring to Product Name Section. (p.8)

   （1）这是什么？
   （2）什么形状？
   （3）有多大？
   （4）这是什么牌子的？
   （5）它是什么颜色？
   （6）它是什么材料的？
   （7）多少钱？

4. 小游戏：猜猜是什么？
   Playtime: Guess what it is.

   一个人描述产品，大家猜产品名称，先猜对者胜出；一个人说出产品名称，大家来描述，描述的最接近者胜出。
   One should describe a product for others to have a guess on its name, the first one getting it right wins; one should say the name of a product for others to describe it, the one getting the closest wins.

5. 听力练习。
   Listening comprehension.

   听后说说是什么东西。
   Listen and tell others what it is.

   （1）_____
   （2）_____

品牌检索 ▷ (Brand Search)

下面列出了一些牌子的中英文名称对照，把你知道的其他牌子写在表格空白处。

The following table lists the Chinese and English names of some brands, write down what you know about them in the blanks.

英文名称	中文名称	主要产品
SONY	索尼	电视、照相机、摄像机
DELL	戴尔	电脑
APPLE	苹果	电脑、MP3
SUMSUNG	三星	手机、冰箱
HYUNDAI	现代	汽车
SHARP	夏普	电视

文化点滴 ▷ (Cultural Tips)

中国的民族品牌：
1．家电类：海尔、长虹、TCL、海信；
2．汽车类：红旗、奇瑞、吉利、长安；
3．IT类：联想、方正、同方、紫光；
4．饮食类：全聚德、东来顺、狗不理。

Traditional Chinese brand names：
1. Household appliance brands: Haier, Changhong, TCL, Hisense;
2. Auto brands: Hongqi, Chery, Geely, Changan;
3. IT brands: Lenovo, Founder, Tsinghua Tongfang, Unisplendour;
4. Food product brands: Quanjude, Donglaishun, Goubuli.

Dì sān kè
第三课
Lesson 3

☆=比较事物
　Compare two products

☆=比较人物
　Compare two persons

Sùliào de bù rú mùtou de shūfu
塑料的不如木头的舒服
The Plastic One Is Less Comfortable Than the Wooden One.

复习 ▷ (Review)

请用下面的句式表达（说明见上册）：
Please express with the following sentence patterns (please refer to Volume I for specification):

A比B+形容词（+数量成分）
A比B+adj. (+quantitative composition)

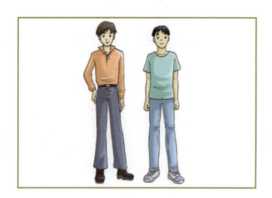

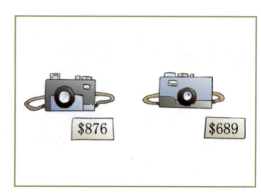

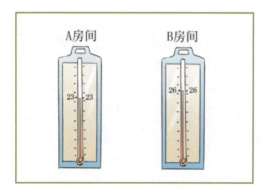

第三课　塑料的不如木头的舒服

词语 [Word Study]

cuò	piàoliang	juéde	bùrú	hóngsè
错	漂亮	觉得	不如	红色
wrong	beautiful	think	not so good as	red

shuàiqi	cōngming
帅气	聪明
handsome	clever

比较产品　(Comparing two products)

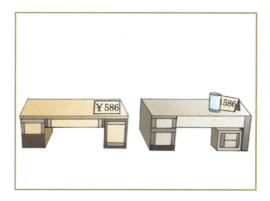

A：这两张桌子的价钱一样，都是586块。
B：你看错了，这张比那张贵1000块呢！

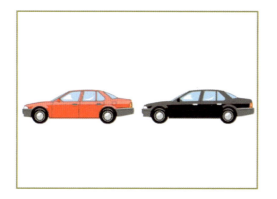

A：红色的和黑色的一样漂亮。
B：是吗？我觉得黑色的没有红色的漂亮。

A：这个塑料的好不好？
B：不好，塑料的不如木头的舒服。

比较两个人 ▷ (Comparing two persons)

小王和小黄的生日一样,都是1986年9月,不过小王比小黄大一天。小王不如小黄帅气,小黄没有小王聪明,不过他们都有一个漂亮的女朋友。小王和小黄的工作不一样,小王是医生,小黄是公司职员,不过,他们的爱好一样,都喜欢打网球。

说 明 [Explanation]

1. A和B（不）一样……
   A and B is (not) the same

   (1) 他的西服和我的西服一样,都是蓝色的。
   (2) 我的个子和他不一样,他比我高一点。
   (3) 小李和小张一样,都在日本公司工作。

2. A不如/没有B……
   A is less+adj.+than B/A is not as+adj.as B.

   注意,"不如"后面不出现贬义形容词。
   Attention: derogatory adjectives cannot be used after "不如"。

   (1) 穿裤子不如穿裙子漂亮。
   (2) 现在的工作没有以前的工作累。
   (3) 今天没有昨天冷。

练 习 [Exercises]

1. 用"不如/没有"改写下面的句子。
   Rewrite the following sentences with "不如/没有".

   (1) 你的房间比我的房间大。
   _____

   (2) 这本书比那本书贵。
   _____

   (3) 哥哥一米八,弟弟一米七五。
   _____

   (4) 坐地铁比开车快。
   _____

2. 看图填空。
   Filling in the blanks according to the pictures below.

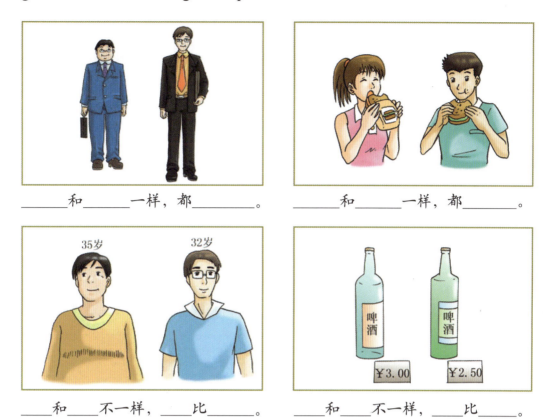

_____和_____一样，都_____。   _____和_____一样，都_____。

____和____不一样，____比_____。   ____和____不一样，____比_____。

3. 自由表达：参考下面的句式和词语说说二者的相同和不同。
   Free expression: Talking about what's the same and what's the difference between two by using the following sentence patterns.

   比较：Comparing

   　　(1) 老板和职员
   　　(2) 男人和女人
   　　(3) 本国菜和中国菜
   　　(4) 你熟悉的两个城市

   句式：Sentence Pattern

   　　(1) _____比_____（　　　　　）。
   　　(2) _____不如_____（　　　　　）。
   　　(3) _____没有_____（　　　　　）。
   　　(4) _____和_____一样（　　　　　）。

参考词语：More Words and Expressions

hǎochī 好吃 delicious	hǎokàn 好看 good-looking	nánkàn 难看 ugly	yǒu yìsi 有意思 interesting	máng 忙 busy
lèi 累 tired	zāng 脏 dirty	gānjìng 干净 clean	piányi 便宜 cheap	nuǎnhuo 暖和 warm
nán 难 hard	jiǎndān 简单 simple	qīngdàn 清淡 light	yóunì 油腻 oily	bèn 笨 stupid
máfan 麻烦 bothering	yǒuqián 有钱 rich	qīngsōng 轻松 easy	yǒnggǎn 勇敢 brave	dǎnxiǎo 胆小 timid
fēngfù 丰富 rich	xiàndài 现代 modern	chuántǒng 传统 traditional	rènao 热闹 busy	ānjìng 安静 quiet
wēnróu 温柔 gentle				

4. 童话故事：龟兔赛跑。

 Fairy tale: A race between a hair and a tortoise

兔子说：我比你跑得快。

乌龟说：我比你慢，不过你不如我有耐力。

他们决定比赛跑步。

结果，乌龟赢了，兔子输了。

兔子说：我比你跑得快，为什么输了？

乌龟说：耐力比速度更重要。

5. 听力练习：听后回答。

Listening comprehension: Answer the following questions.

（1）今天热还是昨天热？
（2）张经理瘦还是李经理瘦？
（3）咖啡贵还是绿茶贵？
（4）102房间大还是105房间大？
（5）邮局近还是银行近？

文化点滴 ▷ (Culture Tips)

知己知彼
know oneself and each other

中国人做生意讲究互相了解。他们认为如果连一个人的基本情况都不了解，就很难信任这个人，也就很难和这个人做生意。相互之间了解得越多，关系也越好，合作做生意的可能性也就越大。

Chinese businessmen pay special attention to mutual understanding, for they believe that they cannot trust you if they don't know you, let alone doing business with you. The more things you know about each other, the better relationship you have, and the higher probability of establishing a business link.

Dì sì kè
第四课
Lesson 4

☆=叙述过程
Tell others what happened

☆=叙述经历
Tell others what experienced

Hòulái ne?
后来呢?
And Then?

词语 [Words Study]

1.
tí	huài	wán	kāi huì	xūyào	xìngyùn	chǎo jià
提	坏	完	开会	需要	幸运	吵架
mention	bad	end	meeting	need	lucky	quarrel

	chētāi	bànlù	lǎobǎn	shìqing	zīliào	
2.	车胎	半路	老板	事情	资料	
	tyre	half way	boss	things	material	

	zhǐhǎo	cái	yǐhòu	hòulái	zuìhòu	zǒngsuàn	ránhòu
3.	只好	才	以后	后来	最后	总算	然后
	have to	just	after that	and then	in the end	finally	then

对话 [Dialogue]

职员A：今天真倒霉！

职员B：怎么了？

职员A：别提了，我的车车胎坏了，只好坐公共汽车。没想到公共汽车半路也坏了。

职员B：那怎么办啊？

职员A：只好打车了，等了半天才坐上车。

职员B：迟到了吗？

职员A：到办公室的时候，老板还没来。

职员B：还不错啊！

职员A：事情还没完，老板来了以后，我们要开会了。

职员B：又怎么了？

职员A：开会需要的资料在那辆出租车上！

职员B：啊？那后来呢？

职员A：我有出租车的发票，最后总算找到了资料。

职员B：你太幸运了！

说明 [Explanation]

1. 怎么了

   How to use "怎么了"

   用于询问发生了什么情况。

   For inquiring what happened.

   (1) 我看见你和经理吵架了，你们怎么了？

   (2) 你哭了？怎么了？

2. 别提了，……
How to use "别提了"

当别人询问时，用于回答并引出某种不令人满意的情况。
When answering a question, to prepare others with something unpleasant or unsatisfactory.

(1) A：你喜欢现在的工作吗？　　B：别提了，我已经没有工作了。

(2) A：那家饭馆的菜好吃不好吃？　　B：别提了，太难吃了！

3. 只好
How to use "只好"

表示没有办法，不得不做某事。
It means that one has no other choice but have to do something.

(1) 冰箱里什么都没有，他只好吃了一包方便面。

(2) 公司派我去，我只好去了。

4. "然后"和"后来"和"以后"
How to use "然后" "后来" and "以后"

"然后"和"以后"都可以表示事情发生的先后顺序，不过在句中所处的位置不同；"……，然后……"；"……以后，……"。"后来"表示过去某一时间之后的时间，只能单用。
"然后" and "以后" can both be used to join two actions so as to clarify their order, The difference lies in their positions in a sentence: "…，然后…"；"…以后，…" "后来" is used to show the time after what happens and can only be used separately.

(1) 找到工作以后，我打算结婚。

(2) 我先找工作，然后结婚。

(3) 他们以前是同事，后来成了好朋友。

5. ……的时候，……
How to use "……的时候……"

用作时间状语，说明某一情况发生的时间。
It's used as an adverbial modifier of time, indicating the time when something happens.

(1) 我正在打电话的时候，小赵来了。

(2) 老板生气的时候，你别去他的办公室。

6. 总算

   How to use "总算"

   表示经过一段时间和努力，出现了令人满意的结果。

   It indicates that a satisfactory result has been achieved after efforts for a period of time.

   (1) 总算下班了！

   (2) 我说了一个多小时，他们总算明白我的意思了。

7. 时间词语+"才"+动词性成分

   Time+"才"+verb composition

   表示事情发生得比较晚，用得时间很长。

   It indicates that something happens late and it takes a long time to happen finally.

   (1) 他10点才离开办公室。

   (2) 我找了半天才找到。

练习 [Exercises]

1. 选词填空。

   Filling the blanks with the most appropriate word.

   (1) 先开会吧，_____再吃饭。

   (2) 我们是大学同学，_____进了同一家公司。工作了两年_____，我去了美国，他去了英国。

2. 两个人一组，看图，根据词语提示模仿例句问答。

   Divide the class into groups of two, study the pictures carefully, and practice Q&A by imitating the examples.

   例子：问1：他怎么了？　　　　答1：别提了，他病了。

   　　　问2：病的时候，怎么办？　答2：病的时候，他去医院。

   提示词语：
   bìng
   病

   yīyuàn
   医院

   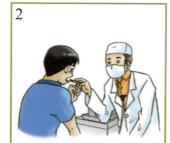

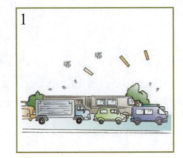

提示词语：
dǔ chē
堵车
gěi dǎ diànhuà
给……打电话

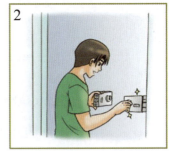

提示词语：
diū yàoshi
丢钥匙
huàn suǒ
换锁

3. 用"时间词语+才+动词性成分"表达。
   Express the following meaning with the word "time+才+verb composition".

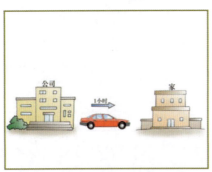

4. 用"总算"表达。
   Express the following meaning with the word "总算".

   （1）你等朋友等了很长时间，他来了。你说：

   _____

(2) 你出差一个月了，明天就可以回家了。你说：
_____

(3) 路上堵车堵了二十分钟，现在不堵了。你说：
_____

(4) 你跟经理说了几次，他同意了你的计划。你说：
_____

5. 选择对话（p.21）中的词语填空。
   Fill in the following blanks with the words in Dialogue of Page 21.

   今天真是_____的一天！早上一出门_____发现汽车的车胎_____了，我_____坐公共汽车，没想到公共汽车_____也坏了。我只好打车，等了_____才上了一辆出租车。还好，到办公室的_____老板还没来。老板来了_____，我才发现今天开会_____的资料在那辆出租车上！_____的是，最后我有出租车的_____，所以找到了资料。

6. 小组活动。
   Group Activity.

   3-4人一组，给大家讲讲：（1）你今天想做什么或者你今天做了什么；（2）倒霉的事；（3）幸运的事。
   Divided the class into groups of 3-4, and tell others: (1) what you want to do today or what you did today; (2) unlucky things; (3) lucky things.

   参考语语：
   以后　　然后　　总算　　最后　　才　　后来　　……的时候

7. 听力练习：听后排序。
   Listening comprehension: Put the following actions in order.

   | 1 | 2 | 3 | 4 |

   _____　_____　_____　_____

文化点滴 ▶ (Cultural Tips)

面子
Face

中国人很爱面子，简单地说，就是人的所有行为都要考虑到周围人的看法，都要想方设法得到他人的认同和称赞。失去面子，是在群体社会里最大的失败。

"Face" is very important for Chinese; to make it simple, it means that no matter what one says or does, he or she must take into consideration of public opinions and shall manage to gain approval or praise of other people. To lose face is believed to be the biggest failure in the society.

本课重点表达 ▶ (Learning Points in This Lesson)

1	今天真倒霉！
2	怎么了？
3	别提了！
4	没想到公共汽车半路也坏了。
5	等了半天才坐上车。
6	后来呢？
7	最后总算找到了资料。
8	你太幸运了！

Dì wǔ kè
第五课
Lesson 5

☆=请求休假
Ask for a leave

☆=应答请假
Approve to request

Wǒ néng qǐng jià ma?
我能 请假吗?
Can I Ask for a Leave?

词语一 [Words Study 1]

1.
qǐng jià	fàng xīn	ānpái	tián	qiān zì	zhǔn jià	zhǔnbèi
请假	放心	安排	填	签字	准假	准备
ask for a leave	relax	arrange	fill in	sign one's name	request approved	prepare

2.
lǎojiā	yīnggāi	wèntí	yǐqián	dān
老家	应该	问题	以前	单
hometown	should	problem	before	form

对话一 [Dialogue 1]

职　　员：张经理，我有件事想跟您商量……
张经理：有什么事说吧。
职　　员：是这样的，我父亲病了，能请假回老家看看吗？
张经理：是吗？那应该去，没问题。
职　　员：太谢谢您了！您放心，走以前，我会把手里的工作安排好。
张经理：你把请假单填好，我就签字准假。
职　　员：好，我马上去准备。

说明一 [Explantion 1]

1. 是这样的
   How to use "是这样的"
   用于解释、说明的句子前，起承上启下的作用。
   It's followed by a sentence of explanation and specification so as to make a long sentence more compact.

   (1) A：你怎么来了？
       B：是这样的，我想借点钱。
   (2) A：你们以前认识吗？
       B：是这样的，我们小时候常常在一起玩儿，后来又在一起学习、工作。

2. "把"+名词+动词+表结果意义的词语
   "把" +noun+verb+words indicating results
   用来表示对某一事物处置的结果。
   It's used to show the results of something being handled.

   (1) 我把资料准备好了。
   (2) 把工作做完以后去吃饭。

词语二 [Words Study 2]

1. 原因 (yuányīn) reason　　婚礼 (hūnlǐ) wedding ceremony　　别人 (biérén) others　　大家 (dàjiā) everyone

2. 参加 (cānjiā) participate　　答应 (dāying) say yes to　　可能 (kěnéng) probable　　考虑 (kǎolǜ) consider

3. 恐怕 (kǒngpà) I'm afraid

对话二 [Dialogue 2]

职　　员：李经理，您现在方便吗？我想跟您说点儿事。

李经理：什么事？

职　　员：这个周末我恐怕不能加班。

李经理：什么原因？

职　　员：我的好朋友这个周末结婚，说好要去参加他的婚礼。

李经理：如果我答应了你，可能还会有别人来请假，那谁工作呢？

职　　员：这……

李经理：你再考虑一下吧，是工作重要还是朋友重要？

说明二 [Explanation 2]

1. "说好"+计划
   "说好"+plan

   表示某一计划已经确定。用于口语。

   It indicates that a plan has been made, usually used in oral expression.

   (1) 小王和小黄说好中午去吃汉堡。
   (2) 我们说好周末一起去打高尔夫。

2. 会
   How to use "会"

   用来表示将来很可能发生的情况。

   It's used to indicate that something might happen in future.

   (1) 三天以后会下雨。
   (2) 明天我会开车去公司。

3. ……还是……？
   How to use "还是"

   表示选择性疑问。

   It's used to raise a question of selectivity.

   (1) 你是经理还是职员？
   (2) 那儿有银行还是商店？

练习 [Exercises]

1. 连词成句。

   Make a sentence by joining the following words properly.

   (1) 记事本   放   把   经理   好

   _____

   (2) 小张   上   西服   把   穿

   _____

   (3) 把   饺子   吃   我   完   了

   _____

2. 用"说好"完成下面的对话。
   Finish the following dialogues with "说好".

   （1）A：明天我们一起吃晚饭，怎么样？
   　　 B：真对不起，_____，下次吧！

   （2）A：圣诞节你做什么？
   　　 B：_____。

   （3）A：你们打算什么时候结婚？
   　　 B：_____。

3. 看图，用"还是"表达。
   Study the picture and make sentence with "还是".

4. 说一说。
   Oral exercise.

   （1）一个好的老板 会＿＿＿＿＿＿＿＿＿＿＿＿＿＿＿。
   　　　　　　　　　 会＿＿＿＿＿＿＿＿＿＿＿＿＿＿＿。
   　　　　　　　　　 会＿＿＿＿＿＿＿＿＿＿＿＿＿＿＿。

   （2）情人节我会＿＿＿＿＿＿＿＿＿＿＿＿＿＿＿。
   　　　　　　　 会＿＿＿＿＿＿＿＿＿＿＿＿＿＿＿。
   　　　　　　　 会＿＿＿＿＿＿＿＿＿＿＿＿＿＿＿。

   （3）身体不舒服的时候，我会＿＿＿＿＿＿＿＿＿＿＿。
   　　　　　　　　　　　　　 会＿＿＿＿＿＿＿＿＿＿＿。
   　　　　　　　　　　　　　 会＿＿＿＿＿＿＿＿＿＿＿。

   （4）＿＿＿＿＿＿＿的时候，＿＿会＿＿＿＿＿＿＿＿＿。
   　　　＿＿＿＿＿＿＿的时候，＿＿会＿＿＿＿＿＿＿＿＿。
   　　　＿＿＿＿＿＿＿的时候，＿＿会＿＿＿＿＿＿＿＿＿。

5. 讨论。
   Discuss the following issues.

   （1）如果你是对话二中的"李经理"，你会准假吗？
   　　If you were Manager Li in Dialogue 2, will you grant the leave?
   （2）如果你是职员，老板不准假的时候，你会怎么做？
   　　If you were the employee, what will you do if the boss said no to your application?
   （3）说说你的公司的请假制度。
   　　Tell us about the regulations on asking for leave in your company

6. **角色扮演。**
   Role play.

   三个人一组，职员早上起床的时候，觉得不舒服，给经理打电话请假。经理A，准假了；经理B不准假。请尽量使用对话中的词语或句子。
   Divide the class into groups of three. An employee feels uncomfortable one day in the morning and call the manager asking for a leave. Manager A approves but Manager B doesn't. Please use as many words and sentences in the Dialogue as possible.

7. **听后复述。**
   Repeat what you have heard.

8. **阅读下面的请假单。**
   Read the following form of Asking for a Leave carefully.

员工请假单

部门		职务		姓名	
请假类别 □休假　　□公假　　□病假　　□事假　　□其他（请说明）					
请假时间 自　　年　月　日　　时至　　年　月　日　　时　共请假　　天　　小时					
主管部门意见					
□准　　　主管签字 □不准　（请说明理由） 　　　　　　　　　　　　　　　　　　　　　职位　　　　　　日期					

文化点滴 ▷ (Cultural Tips)

打招呼
Greeting

中国人日常打招呼时，常用与日常生活有关的内容来表示招呼与问候，这些听起来像问题的"问题"，其实不是询问，甚至有时候根本不需要回答，如"吃饭了吗""您早来了""出去呀"等等。

In everyday life, Chinese tend to say hello to others with the ways related more closely to daily life. It shall be noted that these greetings seem to be questions, but in fact, you don't have to answer them for no answer is expected. Such greetings include "吃饭了吗", "您早来了", "出去呀", etc.

本课重点表达 ▷ (Learning Points in This Lesson)

1	我有件事想跟您商量。
2	能请假回老家看看吗？
3	我会把手里的工作安排好。
4	把请假单填好，我就签字准假。
5	您现在方便吗？我想跟您说点儿事。
6	我恐怕不能加班。
7	什么原因？
8	你再考虑一下吧。

Dì liù kè
第六课
Lesson 6

☆=表示歉意
　Express apology

☆=接受道歉
　Accept apology

Shízài bàoqiàn!
实在抱歉!
I'm Really Sorry!

词语一 [Words Study 1]

1. shízài　　　tè bié
   实在　　　　特别
   really　　　especially

2. bàoqiàn　shì　tóngyì　duìbuqǐ　lǐjiě　jù
   抱歉　　　试　　同意　　对不起　　理解　　聚
   sorry　　　try　agree　　sorry　　understand　gather

3. hòutiān　　　　　　　　lěngxuè dòngwù
   后天　　　　　　　　　冷血　动物
   the day after tomorrow　cold-blooded animal

—35—

新丝路——初级速成商务汉语 II
XINSILU CHUJI SUCHENG SHANGWU HANYU

对话一 [Dialogue 1]

赵：刘明，实在抱歉，后天不能参加你的婚礼了。
刘：什么？这怎么行？！
赵：我们公司最近特别忙，周末要加班。
刘：能不能跟老板请个假？
赵：我试了，可是老板不同意。
刘：你们的老板真是冷血动物！
赵：是啊，没办法，真对不起！
刘：这不是你的错，没关系！
赵：谢谢你的理解，我们找时间再聚啊！

说明一 [Explantion 1]

1. **请假、准假、加班**
   How to use "请假、准假、加班"
   在句子中，这几个词中间可加入数量词语、人称代词、量词等。相同用法的词语还有：放假、见面、聊天、休假。
   In a sentence, you can put quantitative words, pronouns, and measure words between two characters of these words. Other words with this feature include: 放假，见面，聊天，休假.

   (1) 我跟经理请了两天假。
   (2) 可以请个假吗？
   (3) 我准你几天假，回去好好休息吧。
   (4) 今天晚上我会加两个小时班。

2. **怎么行**
   How to use "怎么行"
   "怎么行"是用疑问的形式表示否定，意为"不行"。句子为降调。
   "怎么行" is a negative form in spite of its questioning form in appearance. The falling tone shall be used here.

   (1) 一天不吃饭怎么行？
   (2) A：你走吧，我帮你做。 B：这怎么行？这是我应该做的啊！

词语二 [Words Study 2]

1.
nàozhōng	jièkǒu	jīhuì
闹钟	借口	机会
alarm clock	excuse	chance

—36—

2. 停 stop　　开夜车 drive at night　　敢 dare　　原谅 forgive　　客气 polite

3. 老 always　　为了 for

对话二 [Dialogue 2]

刘　明：张……张经理，早上好！

张经理：刘明，你又迟到了！

刘　明：对不起，今天早上我的闹钟停了！

张经理：你的闹钟怎么老停啊？

刘　明：这次是真的。

张经理：是吗？你老有借口啊，不是为了工作开夜车了，就是闹钟停了。

刘　明：经理，下次再也不敢了！您再原谅我一次吧！

张经理：我再给你一次机会，如果再迟到，我就不客气了。

刘　明：谢谢！谢谢！

说明二 [Explantion 2]

1. "老"+动词/形容词

"老"+ v./adj.

表示某种情况经常出现。多用于贬义。

It indicates that something happens all the time, in derogatory sense in most cases.

（1）最近老下雨，真讨厌！

（2）小赵老生气，我不喜欢他。

2. 不是……就是……
   How to use "不是……就是"
   表示二者选其一。
   It means it must be either this one or the other.

   (1) 那个人不是老李，就是老张。
   (2) 他没有什么爱好，每天不是在办公室，就是在家。

3. 再也不……了
   How to use "再也不……了"
   某种行为或情况以后一定不会出现、发生。
   It indicates that something won't happen again.

   (1) 我再也不迟到了。
   (2) 汉语太难了，他再也不学了。

1. 说说下面句子的意思并朗读。
   Explain and read aloud the following sentences.

   (1) 你病了不吃药怎么行？↘
   (2) 他是冷血动物，谁喜欢他呀？↘
   (3) 我哪儿知道刘总的电话啊？↘
   (4) 什么地方比家里更好哇？↘

2. 一个人什么时候会说下面的句子？
   In what cases will one say the following sentences?

   (1) 我再也不想出差了！
   (2) 我再也不结婚了！
   (3) 我再也不回公司上班了！
   (4) 我再也不给他打电话了！

3. 改错。
   Correct the mistakes in the following sentences.

   (1) 经理准假我了。
   (2) 我们见了面三次。

(3) 我打算一个星期请假。

(4) 开会以前，大家聊天一会儿了。

4. 用"不是……就是……"回答。
Answer the following questions with "不是…就是…".

(1) 你什么时候去上海？

(2) 大学毕业以后，你想做什么？

(3) 小王在哪儿？

(4) 放假的时候你干什么？

5. 用"老"说明原因。
Specify the reason with "老".

(1) 你不喜欢某个人。

(2) 你想换一个工作。

(3) 他们离婚了。

(4) 你想换一个新的手机。

6. 两个人一组，根据下面的情况表演，一个人道歉并说明原因，另一个人可以接受道歉，也可以不接受。
Divide the class into groups of two, and based on the following situations, one should apology and specify the reason, while the other can either accept or refuse to accept it.

(1) A骑车的时候碰了B。

(2) A和B晚上7点见面，可是B晚了15分钟。

(3) A和B在吃饭的时候，A接到老板的电话要A马上去公司。

(4) A在办公室睡觉的时候，老板B看见了。

7. 回答下面的问题，注意画线部分的意思和用法。
Answer the following questions, please pay attention to the meaning and use of the parts underlined.

(1) 你的工作常常加班吗？

(2) 你什么时候会开夜车？

(3) 对迟到的人，你的公司怎么办？

(4) 什么人做了什么事情是你不能原谅的?

(5) 哪些可以作为迟到的借口?

(6) 一个人做了什么，我们可以说他是冷血动物?

8. 听后选择。
Listen carefully and choose the correct one.

下面哪个句子是正确的?
Which of the following expressions is correct?

A 小赵在准备资料。　　B 老板让小赵加班。

C 老板没看见小赵睡觉。　　D 小赵是开车的。

文化点滴 ▷ (Cultural Tips)

入乡随俗
Do in Rome as the Romans do

在中国做生意，要学会"入乡随俗"，这也就是说到了一个新的地方就要按照当地的风俗习惯办事。一些外国公司都是因为没有做好这一点而失败的。

To do business in China, you have to learn to do things in China as Chinese do, which means you should do things according to the local customs and traditions when you come to a new place. Some foreign companies failed because they didn't do well in this field.

本课重点表达 ▷ (Learning Points in This Lesson)

实在抱歉!
这怎么行?
对不起!
这不是你的错。
谢谢你的理解。
下次再也不敢了。
就原谅我这一次吧。
我再给你一次机会。

Dì qī kè
第七课
Lesson 7

☆=询求意见　Inquiry opinions
☆=提出意见　Clarify opinions

Nín kàn zhè duì zhēnzhū ěrhuán zěnmeyàng?
您看这对珍珠耳环怎么样?
What Do You Think about the Pearl Earrings?

词语一 [Words Study 1]

jìniànpǐn	zhēnzhū	ěrhuán	zhēnsī	wéijīn	tèsè
纪念品	珍珠	耳环	真丝	围巾	特色
souvenir	pearl	earrings	silk	scarf	special features

对话一 [Dialogue 1]

售货员：先生，您想买点儿什么？
金先生：我想买点儿纪念品，可是不知道买什么好。
售货员：是给自己还是给朋友的？
金先生：给我妻子。
售货员：哦。您看这对珍珠耳环怎么样？
金先生：她不喜欢戴耳环。
售货员：是吗，那这条真丝围巾呢？
金先生：哦，不错，很漂亮，又有中国特色，就买它了！谢谢你！

说 明 一 [Explantion 1]

1. "不知道"+疑问词+"好"
   "不知道" + interrogative word + "好"
   用来表示无法做出决定。
   It indicates that one cannot make a final decision.
   (1) 今天晚上不知道吃什么好。
   (2) 经理还不知道谁去上海好。

2. 就……了
   How to use "就……了"
   用于表示做出了某个决定。
   It's used to indicate that one has made a decision.
   (1) 就买这个牌子的了!
   (2) 就吃四川菜了!

词 语 二 [Words Study 2]

1. 修改 xiūgǎi — revise 　直说 zhíshuō — make it straight 　精通 jīngtōng — excellent 　加上 jiāshàng — add

2. 启事 qǐshì — announcement 　意见 yìjiàn — opinion 　效率 xiàolǜ — efficiency 　经验 jīngyàn — experience

3. 第 dì — auxiliary word for ordinal numbers

4. 正式 zhèngshì — formal

对话二 [Dialogue 2]

李明：张华，招聘启事我写完了，你帮我看看，提提意见。
张华：你的工作效率够高的！好，我看一下。
李明：怎么样？我第一次写，没有什么经验。
张华：总的来说不错，只是有些小地方需要修改一下。
李明：你就直说吧，没关系。
张华：你看，如果写"精通汉语"是不是更好？
李明：对对，正式多了。
张华：还有，我觉得这里最好再加上"需要经常出差"。
李明：我怎么没想到呢！太谢谢你了！

说明二 [Explantion 2]

1. "够"+形容词+"的"
   "够"+adj.+"的"

   表示程度较高。用于感叹句。
   It indicates high degree and is usually used in an exclamatory sentence.
   (1) 你们老板够忙的！
   (2) 今天够热的！

2. 总的来说……，只是……
   How to use "总的来说……，只是……"

   先从总体上进行肯定，再指出小问题、小毛病。
   It confirms a situation in general and then points out certain small problems or mistakes.
   (1) 这件衣服总的来说不错，只是有点贵。
   (2) 小王这个人总的来说很好，只是容易骄傲。

3. "最好"+动词性成分
   "最好"+verb composition

   用于提出建议。
   It's used to propose something.
   (1) 已经很晚了，我们最好打车去。
   (2) 你最好跟张经理请假。

练习 [Exercises]

1. 用"够……的"表达。
   Express the following meaning with "够……的".

   (1) 说天气：_____

   (2) 说一个人：_____

   (3) 说工作：_____

   (4) 说办公室：_____

   (5) 说一本书：_____

2. 用"总的来说……，只是……"提出你的意见。
   Clarify your opinion with "总的来说……，只是……".

   (1) 这个牌子的电脑怎么样？

   (2) 这间办公室好不好？

   (3) 他的汉语怎么样？

   (4) 你喜欢四川菜吗？

   (5) 你的旅行有意思吗？

3. 两个人一组，用下面的句型，根据提供的场景，一个人询问后，另一个人提出意见或建议。
   Divide the class into groups of two. One raises a question and the other provides advice by using the following sentence patterns according to the situation defined.

   问：   答：
   ①不知道+疑问代词+好   ①你看……怎么样？
   ②……怎么样？   ②如果……是不是更好？
   ③……好不好？   ③我觉得你最好……

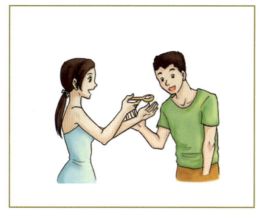

女：_____
男：_____

孩子：_____
妈妈：_____

职员：_____
老板：_____

4. 在下边的选择中，请用"就……了"做出你的决定。
   Among the following options, please make your decision by using "就……了".

　　（1）动词：上
　　　　你上哪个学校？

| Harvard University | Yale University | Oxford University |

(2) 动词：吃

你想吃什么？

(3) 动词：去旅游

我们去哪儿旅游？

(4) 动词：看

你要看哪种电影？

àiqíngpiàn 爱情片	gǎoxiàopiàn 搞笑片	kǒngbùpiàn 恐怖片

5. 回答下面的问题。注意画线词语的意思和用法。

   Answer the following questions, please note the meaning and use of words underlined.

   (1) 你什么时候<u>工作效率</u>最高？（早上、上午、下午、晚上）
   (2) 你是一个有<u>工作经验</u>的人吗？
   (3) 你<u>精通</u>哪国语言？
   (4) 你的工作<u>需要经常出差</u>吗？你喜欢<u>需要经常出差</u>的工作吗？
   (5) 你上班的时候，需要穿<u>正式</u>的服装吗？
   (6) 你买过什么<u>纪念品</u>？
   (7) 你觉得什么东西是有中国<u>特色</u>的？什么是你的国家的<u>特色</u>？

5. 听后选择。
Listen carefully and then choose the correct answer.

女的认为下边哪个比较好？Which one did the woman believe better?

A　　　　B　　　　C　　　　D

文化点滴 ▶ (Cultural Tips)

礼物
Gifts

具有中国特色的礼物有：茶、茶具、丝绸制品（旗袍、围巾）、珍珠首饰、玉石首饰、名家字画等。

Souvenirs with distinct Chinese characteristics include tea, tea set, silk products (qipao, scarf), pearl jewelry, jade jewelry, painting and calligraphy by famous painters and calligraphers.

本课重点表达 ▶ (Learning Points in This Lesson)

	您看这对珍珠耳环怎么样？
	就买它了
	你帮我看看，提提意见
	我第一次写，没有什么经验
	总的来说不错，只是……
	你就直说吧
	如果……是不是更好？
	最好……

Dì bā kè
第八课
Lesson 8

☆=发出邀请
Make an invitation

☆=回应邀请
Reply to an invitation

Xièxie nǐ de yāoqǐng
谢谢你的邀请
Thanks for Your Invitation.

词语一 [Words Study 1]

1. kāiyè　　tiān　　cānjiā　　yāoqǐng
    开业　　添　　参加　　邀请
    opening　　add　　take part in　　invite

2. diǎnlǐ　　rénqì
    典礼　　人气
    ceremony　　popularity

3. qiǎo　　yíhàn
    巧　　遗憾
    coincidence　　regret

4. āiyā
    哎呀
    alas

—48—

对话一 [Dialogue 1]

刘明：麦克，你有没有兴趣参加公司的开业典礼？
麦克：开业典礼？是你的公司吗？
刘明：哪儿啊，是我一个朋友的。
麦克：我去方便吗？不会添麻烦吧？
刘明：看你说的，你去只能添人气。
麦克：那我就跟你一起去看看。什么时候？
刘明：后天上午10点。
麦克：哎呀，后天上午我有一个重要会议得参加。
刘明：是吗？太不巧了！
麦克：真遗憾！不过，还是得谢谢你的邀请。
刘明：别客气，我想以后还会有机会。

说明一 [Explantion 1]

1. 哪儿啊

How to use "哪儿啊"

用来表示不同意，否定某种说法。

It's used to indicate disapproval and to deny a certain opinion.

(1) A：那个人是老张吗？
　　B：哪儿啊，那是老李。
(2) A：老板知道这件事以后，生气了吗？
　　B：哪儿啊，他一点儿也没生气。

2. 看你说的

How to use "看你说的"

意思是"你别这样说"，常用于当对方自责或表示感谢时的回答。

To indicate "Don't say that", it's usually used when others blame themthelves or thank you .

(1) A：我真不知道怎么感谢你好！
　　B：看你说的，咱们是好朋友，不用说感谢的话。
(2) A：这次都是我的错。
　　B：看你说的，我也有责任。

3. "巧"和"不巧"
   How to use "巧" and "不巧"
   当两件事未经安排而发生在同一时间，就是"巧"；相反，就是"不巧"。
   When two things happen at the same time unexpectedly, that's "巧"; otherwise, it's "不巧".
   (1) 他们俩选择了同一天结婚，真是太巧了！
   (2) A：请问小王在吗？
       B：真不巧，他刚出去一会儿。

词语二 [Words Study 2]

1. 请柬 (qǐngjiǎn) invitation letter	整 (zhěng) whole	地址 (dìzhǐ) address
2. 兹订于 (zī dìng yú) We hereby decide that	若 (ruò) if	此 (cǐ) this
3. 举行 (jǔxíng) hold	出席 (chūxí) attend	回复 (huífù) reply

短文

请　柬

　　兹订于2008年8月8日星期五上午10点整举行华美公司开业典礼，敬请光临！

　　地址：北京路18号

　　若不能出席，请于2008年7月8日前回复此电话875967473（赵先生）。

华美公司总经理　敬上

2008年7月1日

说 明 二 [Explantion 2]

1. "于"+时间/地点+动词成分
   "于" +time/place+verb composition

   用于引出事情发生的时间或地点，比较正式。

   It's used to introduce the time or place when or where something happens. It's relatively formal.

   (1) 会议于周五下午两点开始。
   (2) 婚礼将于北京饭店举行。

练 习 [Exercises]

1. 回答下面的问题，注意画线词语的意思和用法。
   Answer the following questions and please pay attention to the meaning and use of the words underlined.

   (1) 新年的时候，你想给家或办公室添点什么？
   (2) 你参加过开业典礼或别的典礼吗？请简单介绍一下。
   (3) 在你的国家，现在人气最高的歌星/影星/球星是谁？
   (4) 你有什么遗憾的事情吗？
   (5) 请说说你的通信地址。

2. 用"哪儿啊"或"看你说的"应答。
   Answer the following questions with "哪儿啊" or "看你说的".

   (1) A：昨天和你一起吃饭的人是你的男朋友吗？
       B：_____
   (2) A：你比我的工作经验多，请多帮忙啊！
       B：_____
   (3) A：小王去上海出差了吧？
       B：_____
   (4) A：不好意思，我的汉语说得不太好。
       B：_____

3. 说说下面哪些是"巧"的事情，哪些是"不巧"的事情，然后用"巧"或"不巧"表达。
   Discuss which of the following situations are "巧" and which are "不巧"; then express them with either "巧" or "不巧".

(1) 周末去商场买东西的时候遇到了公司的同事。
(2) 要出去的时候，突然下雨了。
(3) 刚到博物馆，博物馆就开门了。
(4) 你去美国出差，也想看在美国的朋友，可他/她到中国来了。
(5) 你和女朋友的生日是同一天。

4. 小组活动。
   Group activity.

   A邀请B和C去自己的家（1）B可以去，表示感谢，询问时间。（2）C不能去，说明理由。
   A invites B and C to his/her home and (1) B will go, express thanks and ask the time but (2) C cannot make it, specify the reason.

   有没有兴趣……？
   不会添麻烦吧？
   太不巧了！
   真遗憾！不过，还是得谢谢你的邀请。
   我想以后还会有机会。

5. 请模仿短文的结构，写一封请柬。
   Please write an invitation by imitating the structure of the passage.

   请　柬

   兹订于＿＿＿＿＿＿＿＿＿＿＿举行＿＿＿＿＿＿＿＿，
   敬请＿＿＿＿！
   地址：＿＿＿＿＿＿＿＿＿＿＿＿＿＿

   若＿＿＿＿＿＿＿＿＿，请于＿＿＿＿＿＿＿＿＿前
   ＿＿＿＿＿＿＿＿。

   ＿＿＿＿＿＿敬上
   ＿＿＿＿＿＿

6. 听后复述。
   Listening and repeat.

文化点滴 ▶ (Cultural Tips)

开业典礼
Opening ceremony

公司的开业典礼上常常有名人剪彩、放鞭炮等活动。前去庆贺的人一般送花篮，上面写着"开业大吉""财源广进""恭喜发财"等吉利话，还要写上"某某人恭贺"。

During the opening ceremony, a company will usually invite celebrities to cut the ribbon and will arrange firecrackers and fireworks. People attenting the ceremony will usually send congratulation presents such as floral basket, with best wishes such as "开业大吉" (wish you a great start), "财源广进" (wish you an extensive fund source), or "恭喜发财" (wish you make a big fortune) on the banner attached to the basket together with the name of the sender in the form of "某某人恭贺" (congratulations from ××).

本课重点表达 ▶ (Learning Points in This Lesson)

	有没有兴趣参加公司的开业典礼？
	我去方便吗？
	看您说的。
	太不巧了！
	真遗憾！
	谢谢你的邀请。
	以后还会有机会的。
	敬请光临。

Dì jiǔ kè
第九课
Lesson 9

☆=表示祝贺
Congratulate

☆=回应祝贺
Respond to congratulations

Kāiyè dà jí!
开业大吉!
Wish You a Great Start!

词语一 [Words Study 1]

1. 吉 (jí) luck 　　市长 (shìzhǎng) mayor 　　面子 (miànzi) face

2. 亲自 (qīnzì) by oneself

3. 让 (ràng) let 　　代劳 (dàiláo) on behalf 　　言重 (yánzhòng) flattering 　　管 (guǎn) take care of 　　招呼 (zhāohu) say hello to

　　照顾 (zhàogù) take care of 　　(不)周 (bù zhōu) (not) good 　　包涵 (bāohan) forgive

对　话

张经理：刘经理，开业大吉啊！
刘经理：张总，您怎么亲自来了，让王秘书代劳就行了。
张经理：那怎么行，你的公司开业可不是小事啊！
刘经理：您言重了，快里边请。
张经理：连市长都来了，刘经理真有面子啊！
刘经理：哪里哪里！
张经理：你不用管我，快去招呼别的客人吧！
刘经理：今天的客人很多，如果照顾不周，请多包涵啊！
张经理：咱们是老朋友了，别这么客气！

说 明 一 [Explantion 1]

1. "亲自"+动词
   "亲自"+verb
   有一定身份、地位的人为了表示对某人某事的重视而自己做。
   Somebody with certain social status and in high position does something himself/herself in order to show respect to someone else.
   （1）总经理亲自开车去机场接客人。
   （2）总统亲自写了一封回信。

2. "连"+名词+"都"+动词性成分
   "连"+noun+"都"+verb composition
   举出典型的例子来说明某种情况的程度。
   Specify the degree of certain situation with a typical example.
   （1）我太累了，连饭都不想吃。
   （2）他的办公室里连电脑都没有。

3. "人$_1$"+让+"人$_2$"+动词性成分
   Somebody$_1$+"让"+somebody$_2$+verb composition
   在"人$_1$"的要求下，"人$_2$"去做某事。
   Somebody$_2$ does something. as the requirement of somebody$_1$.
   （1）经理让你去一下。
   （2）别让孩子喝太多的可乐。

词语二 [Words Study 2]

1. 各 gè — every
   所有 suǒyǒu — all
   热烈 rèliè — warmly
   兴隆 xīnglóng — flourishing
   圆满 yuánmǎn — completely
   成功 chénggōng — successful

2. 领导 lǐngdǎo — leaders
   来宾 láibīn — guests
   庆典 qìngdiǎn — celebration ceremony

3. 允许 yǔnxǔ — allow
   代表 dàibiǎo — on behalf of
   祝贺 zhùhè — congratulate

4. 财源广进 cáiyuán guǎng jìn — make a big fortune

短文

各位领导，各位来宾：

大家好！请允许我代表所有的来宾对华美公司的开业表示热烈祝贺！祝华美公司财源广进，生意兴隆！祝开业庆典圆满成功！谢谢！

说明二 [Explantion 2]

1. "祝"和"祝贺"
   How to use "祝" and "祝贺"
   "祝"用于对未来的事情表达美好的希望和祝福；
   "祝" is used to show good wishes and blessings on future.
   "祝贺"用于对已知的喜事表示庆祝。
   "祝贺" is used to congratulate on certain known and happened happy situations.
   (1) 祝你能找到满意的工作！
   (2) 听说你当爸爸了，祝贺啊！

2. "各"+量词（+名词）
   "各" + measure word（+noun）
   表示"每一"。
   It's used to indicate every.
   (1) 这个牌子的产品在世界各个地方都能买到。
   (2) 请各位说说自己的看法。

 [Exercises]

1. 回答下面的问题，注意画线词语的意思和用法。
   Answer the following questions and please pay attention to the meaning and use of the words underlined.

   (1) 你觉得什么是有<u>面子</u>的事情？什么是没有<u>面子</u>的事情？
   (2) 在你的国家，怎么<u>招呼</u>客人？
   (3) 在你的家里，谁<u>管</u>家？
   (4) 什么是<u>成功</u>？

2. 说说下面的"……长"是什么人。
   Please specify what are these people whose titles are ending with the word "……长".

   (1) 校长
   (2) 家长
   (3) 市长
   (4) 科长

3. 读下面的句子，体会"各"的用法和意思。
   Read the following sentences carefully and study the use and meaning of "各".

   (1) 各人有各人的生活习惯。
   (2) 我的理想是去世界各地旅行。
   (3) 公司的各个部门都要做好准备。
   (4) 各家各户的灯都亮了。

4. 用"让"改写下面的句子。
   Rewrite the following sentences with "让".

   (1) 经理说："小王，请到我的办公室来一下。"
   (2) 妈妈说："孩子，别喝可乐，喝点水吧！"
   (3) 张华说："李明，明天你能加班吗？"
   (4) 我说："大家去我家玩儿吧！"

5. 用"连……也……"说明程度。
   Please specify the degree with "连……也……".

   (1) 他没有钱：＿＿＿＿＿＿＿＿＿＿＿＿＿＿＿＿

(2) 我身体很不舒服：_____
(3) 这个问题不难回答：_____
(4) 没有人喜欢小王：_____

6. 选择"祝"或"祝贺"表达。

   Please choose either "祝" or "祝贺" for the following situations.

   (1) 你的朋友要出国了：_____
   (2) 朋友生了一个女儿：_____
   (3) 今天是朋友的生日：_____
   (4) 你去医院看一个生病的人：_____
   (5) 你的朋友找到了工作：_____

7. 听后判断对错。

   Listen carefully and decide whether it's right or wrong.

   (1) 小王的汉语不错。   (   )
   (2) 小张去经理的办公室。   (   )
   (3) 他的儿子还没找到工作。   (   )

文化点滴 ▶ (Cultural Tips)

吉利话
Good speech

在一些喜庆的、特别的场合，中国人总爱说一些固定的吉利话，表示对他人的祝福。比如，春节的时候说"年年有余"；婚礼上说"白头偕老""早生贵子"；搬入新居时说"乔迁之喜"；生孩子时说"母子平安"；送别时说"一路平安"等。

In some happy and special occasions, Chinese will say some traditional sayings to show their best wishes or congratulations. For example, people say "年年有余" (wish you have an affluent year) during the Spring Festival season, "白头偕老" (wish you a happy and long marriage) and "早生贵子" (wish you give birth to a boy soon) at wedding ceremony to the newly wedded, "乔迁之喜" (congratulations on your moving) to those moving to a new apartment, "母子平安" (wish both the mother and the baby safe) when someone who has a new born, and "一路平安" (bon voyage) when they see someone off.

本课重点表达 ▷ (Learning Points in This Lesson)

开业大吉！
让王秘书代劳就行了。
您言重了。
刘经理真有面子啊！
哪里哪里！
请多包涵。
请允许我代表……表示热烈祝贺。
祝开业庆典圆满成功！

Dì shí kè
第十课
Lesson 10

☆=表达不满
　　Complain

☆=表示劝慰
　　Console

Wúliáo tòu le !
无聊透了!
It's So Boring!

词 语 一 [Words Study 1]

	shī	zāng hū hū	kě qì		
1.	湿	脏乎乎	可气		
	wet	dirty	make one angry		

	tǎoyàn	fán	jiǎn sù	yùdào	mà
2.	讨厌	烦	减速	遇到	骂
	bother	hate	slow down	come across	curse

	dàochù	gēn běn
3.	到处	根本
	everywhere	at all

	hng	
4.	哼	
	hum	

—60—

对话一 [Dialogue 1]

A：你来了，哎呀，没带雨伞吧，衣服都湿了。
B：真讨厌，我最烦下雨了！
A：是啊，到处都湿乎乎的，鞋和裤子也脏乎乎的。
B：最可气的是，有些汽车从你身边开过去，根本不减速。
A：对对，我也遇到过几次。
B：遇到这样的司机，我真想骂他几句。
A：哼，等我买了汽车，……
B：啊？

说明一 [Explantion 1]

1. 形容词+"乎乎"
   adj.+"乎乎"
   可以用于表示某种状态。
   It's used to indicate some state.
   （1）外边黑乎乎的。
   （2）看你的手，脏乎乎的，快去洗洗吧！

2. 到处都……
   How to use "到处都……"
   表示"所有地方都……"。
   It's used to indicate that it's… everywhere.
   （1）商店里到处都是人。
   （2）到处都可以看到可口可乐的广告。

3. "可"+单音节动词
   "可"+monosyllabic verb
   表示"让人……"。
   It's used to indicate that something makes one…
   （1）他穿的衣服真可笑。
   （2）孩子非常可爱。

新丝路——初级速成商务汉语 II
XINSILU CHUJI SUCHENG SHANGWU HANYU

词语二 [Words Study 2]

1. 破 pò damned　同样 tóngyàng same　无聊 wúliáo boring　透 tòu completely　着急 zháojí anxious　努力 nǔlì work hard

2. 重复 chóngfù repeat　挑战 tiǎozhàn challenge　实现 shíxiàn realize

3. 耐心 nàixīn patient　理想 lǐxiǎng ideal

对话二 [Dialogue 2]

A：这个破工作，我真不想干了！
B：怎么了？才干了一个月就不想干了？
A：每天都重复同样的事情，无聊透了！
B：秘书工作就是这样啊！
A：这不是我想要的生活，我想要变化和挑战！
B：别着急，要有耐心，只要你努力，就会实现你的理想。
A：真的吗？

说明二 [Explantion 2]

1. "才"+表示时间、时段的词语+"就"+动词性成分
   "才"+words indicating time or period of time +"就"+verb composition
   表示某事发生得很早，或某事持续的时间不长。
   It's used to indicate that something happens earlier or doesn't last long.
   （1）才七点他就去上班了。

—62—

(2) 在中国才住了半个月，我就想家了。

2. ……透了

   How to use "……透了"

   表示不好的程度达到了极点。

   It's used to indicate that the worst situation occurs.

   (1) 我的心情坏透了。
   (2) 真是糟糕透了，我丢了我的护照！

3. 只要……（条件）就……（结果）

   只要……（Condition）就……（Result）

   出现某一条件，就出现某种结果。

   A result will occur once there's the condition

   (1) 只要你们都同意，我就同意。
   (2) 这个周末只要天气好，我们就去打高尔夫。

练 习 [Exercises]

1. 回答下面的问题，注意画线词语的意思和用法。

   Answer the following questions, please pay attention to the meaning and use of the words underlined.

   (1) 你觉得什么是<u>挑战</u>？你喜欢有<u>挑战</u>的工作吗？
   (2) 你是一个有<u>耐心</u>的人吗？请举例说明。
   (3) 你的<u>理想</u>是什么？它<u>实现</u>了吗？如果没有，你想怎么<u>实现</u>它？
   (4) 如果每天<u>重复</u>同样的工作，你会觉得<u>无聊</u>吗？

2. 读下面的句子，体会"……乎乎"的意思。

   Read carefully the following sentences and study the meaning of "……乎乎".

   (1) 外边黑乎乎的，什么也看不到。
   (2) 这个孩子胖乎乎的。
   (3) 他的房间总是乱乎乎的。
   (4) 别傻乎乎地站着，快来帮忙啊！

3. 读下面的句子，体会"可……"的意思，并试着说说。

Read the following sentences carefully and study the meaning of "可……", try to express yourself with the pattern.

(1) 这个故事太可笑了！
(2) 我觉得小狗很可爱。
(3) 没有父母的孩子很可怜。
(4) 我新买的手机丢了，真可惜！

a 什么事很可笑？
b 谁很可爱？
c 什么人很可怜？
d 什么事很可惜？

4. 用"到处都……"表达。

Express the following meanings with "到处都……".

(1) 在中国，很多人都骑自行车。
(2) 这条路上有很多商店。
(3) 桌子上、床上、地上有很多书。
(4) 圣诞节前，你可以看到很多人在买礼物。

5. 用"才……就……"表达。

Express with "才……就……".

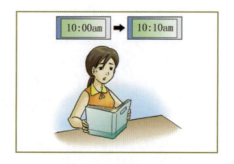

6. 完成下面的句子。
   Finish the following sentences.

   (1) 只要工作不忙，我就_____。

   (2) 只要_____，我就买。

   (3) 只要_____，_____就_____。

   (4) 只要_____，_____就_____。

7. 小组练习：三人一组，选用下面的词语表达自己对一些事情、人的不满。
   Group Activity: divide the class into groups of three, choose some of the following words to show your dissatisfaction on something or somebody.

……透了	无聊	讨厌
"破"+名词	我最烦……	我真想骂……几句
到处都……	才……就……	……乎乎
不想……	……不是我想要的	

8. 听后说：他们在抱怨什么？
   Listen and answer: what did they complain about?

   (1)
   (2)
   (3)

文化点滴 ▶ (Cultural Tips)

坐在哪里
Where should one sit

在中国的饮食礼仪中，"坐在哪里"非常重要。主座一定是邀请人，也就是最后结账的人。主座指的是距离门口最远的正中央位置。邀请人可以指定客人的座位，通过座位，可以知道谁是最重要的客人。另外在酒席上，中国人习惯众人一起倒酒，一起饮酒，一边说着"干杯"、"祝……"等，一边共饮。

According to the dining etiquette in China, where should one sit is of vital importance. The seat for the host must be reserved for the host and the organizer, who is also the one paying the bill after the dinner. The seat for the host is the central one farthest from the entrance. The host might designate seats for others, and one can tell the importance of a guest from the order of seats. Moreover, during the dining, Chinese tend to fill in the cups and drink them together, being accompanied by such words of toasting as "干杯" and "祝……" etc.

本课重点表达 (Learning Points in This Lesson)

真讨厌,我最烦下雨了!
最可气的是……
根本不……
真想骂他几句。
这个破工作!
无聊透了!
这不是我想要的生活。
别着急,要有耐心。
只要你努力,早晚会实现你的理想。

第十一课
Lesson 11
Dì shíyī kè

☆=表达夸赞
　Praise

☆=表示谦虚
　Show Modesty

Guòjiǎng le
过奖了
You're Flattering.

词语一 [Words Study 1]

1. 赢 (yíng) win　　佩服 (pèifú) admire　　夸奖 (kuājiǎng) flatter

2. 高手 (gāoshǒu) master　　体力 (tǐlì) physical strength　　小伙子 (xiǎohuǒzi) young man

3. 总是 (zǒngshì) always　　罢了 (bàle) that's all

对话一 [Dialogue 1]

朋友A：今天又是赵总赢！

朋友B：是啊，赵总是球场高手，以后不敢跟您打球了。

赵　总：说不上高手，只是一个爱好罢了。

朋友A：最让我佩服的是赵总的体力，总是那么好。

赵 总：哈哈，现在不行了，老了！
朋友B：老什么呀，看您打球的样子，跟小伙子一样。
赵 总：谢谢夸奖！

说 明 一 [Explantion 1]

1. 说不上……，只是……罢了
   How to use "说不上……，只是……罢了"
   意思是"没达到对方所说的程度"，常用于别人称赞时表示谦虚。
   When others praise you, you can use this pattern to show your modesty, indicating that you're "not as good as the other said".
   （1）我的孩子说不上聪明，只是努力罢了。
   （2）今天说不上冷，只是有点风罢了。

2. 形容词+"什么"
   adj.+"什么"
   表示否定，相当于"不+形容词"。常用于反对别人。
   It's used to indicate disapproval, "不+adj."; usually arguing against others.
   （1）A：今天太冷了！
      B：冷什么呀，是你穿得太少了。
   （2）A：能去英国出差真不错！
      B：不错什么呀，我不想去。

词 语 二 [Words Study 2]

	hé	míng bù xū chuán	guòjiǎng
1.	合	名不虚传	过奖
	fit	live up to reputation	flattering

	kǒuwèi	měiwèi	fàndiàn	fūren	chúyì	jiācháng biànfàn	fúqi
2.	口味	美味	饭店	夫人	厨艺	家常便饭	福气
	taste	delicious	restaurant	wife	cooking skill	home-made	lucky

3.
gāojí	yīliú	nénggàn	wěidà
高级	一流	能干	伟大
top-class	first-Rate	capable	great

对话二 [Dialogue 2]

张 总：不知道今天的菜合不合口味？
朋友A：真是美味啊！比高级饭店里做的还好吃！
朋友B：是啊，早就听说过张总的夫人厨艺一流，真是名不虚传！
张 总：过奖了，过奖了，只是家常便饭罢了。
朋友B：张总真是好福气啊，夫人又漂亮又能干。
朋友A：你没听说过吗？"每个成功男人身后都有一个伟大的女人"！

说明二 [Explantion 2]

1. 家常便饭
How to use "家常便饭"
   本义指的是家里做的简单的饭菜。还常用于说明某种经常出现的情况。
   Its original meaning is the simple home-made dishes and it's usually used to indicate the situation occurred a lot.
   (1) 这家饭馆做的都是家常便饭，又好吃又不贵。
   (2) 对小王来说，上班迟到是家常便饭。

练习 [Exercises]

1. 回答下面的问题，注意画线词语的意思和用法。
Answer the following questions and please pay attention to the meaning and use of words underlined.

   (1) 什么人让你<u>佩服</u>？
   (2) 你的<u>体力</u>怎么样？举例说明。
   (3) 你家谁的<u>厨艺</u>最好？
   (4) 你的国家有哪些<u>美味</u>？
   (5) 如果你的爱人比你<u>能干</u>，你会不高兴吗？

2. 用"家常便饭"表达下面的意思。
   Express the following meanings with "家常便饭".

   (1) 英国常常下雨。
   (2) 小王和他妻子老吵架。
   (3) 他的工作需要他经常出差。
   (4) 小李不会做饭,所以每天都去饭馆吃饭。

3. 用"形容词+什么"表示不同意。
   Express disapproval with "adj.+什么".

   (1) A:这件衣服500多块,太贵了！   B:_____。
   (2) A:这个电影很不错,是不是？   B:_____。
   (3) A:汉堡真好吃,我还想吃一个！   B:_____。

4. 用"说不上……,只是……罢了"表示谦虚。
   Show modesty with "说不上……,只是……罢了".

   (1) A:你的汉语简直和中国人一样了！   B:_____。
   (2) A:你的孩子太聪明了,每次考试总是第一。   B:_____。
   (3) A:老板最喜欢你了。   B:_____。

5. 小组练习：选用下面的词语和表达法进行对话。
   Group Activity: Make a dialogue with the following words and expressions.

称赞用语：	谦虚用语：
漂亮　　能干 高手　　一流 简直　　美味 名不虚传 最让我佩服的是……	……什么 过奖 说不上……,只是……罢了

6. 听后选择。
   Listen and choose the correct answer.

   关于小王,下面哪个说法是不正确的?
   About Xiao Wang, which one is not correct?

   A 来公司的时间不长   B 网球打得非常好
   C 是一个能干的人   D 样子长得不错

文化点滴 (Cultural Tips)

谦虚
Modesty

与西方人听到称赞时说"谢谢"不同，中国人听到别人对自己的称赞、夸奖时，一般都以否定的句子来作为回答，如"哪里哪里"、"没有没有"、"哪儿的话"等等，因为中国人认为谦虚是一种美德。

At hearing others praising or flattering them, Chinese will usually answer with negative sentences, such as "哪里哪里", "没有没有", "哪儿的话", which is quite different from westerns answering praises with "Thank you", for Chinese believe modesty is a virtue.

本课重点表达 (Learning Points in This Lesson)

	赵总是球场高手。
	说不上……，只是……罢了
	最让我佩服的是……
	谢谢夸奖。
	早就听说过……，真是名不虚传。
	过奖了。

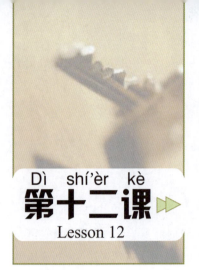

第十二课
Dì shí'èr kè
Lesson 12

☆=表示感谢 Show gratitude

☆=回应感谢 Respond to thanks

多亏了你们的帮助
Duōkuīle nǐmen de bāngzhù

Thanks for Your Help.

词 语 一 [Words Study 1]

1. 心意 xīnyì — regards
   结果 jiéguǒ — result

2. 收下 shōuxià — accept
   送礼 sòng lǐ — send gift
   提升 tíshēng — promote
   看不起 kànbuqǐ — look down upon

3. 无缘无故 wúyuán wúgù — without a reason
   热心 rèxīn — enthusiastic

4. 多亏 duōkuī — thanks to

5. 恭敬不如从命 gōngjìng bùrú cóng mìng — obedience is better than politeness

对 话 [Dialogue]

小张：小王，这是我的一点儿心意，你收下。
小王：无缘无故地为什么给我送礼啊？
小张：感谢你啊。
小王：这我就更不明白了。
小张：多亏你的热心帮助，我才得到了提升。
小王：那是我应该做的，再说，这也是你努力的结果啊！
小张：别客气了，不然就是看不起我。
小王：好吧，那我就恭敬不如从命了。谢谢！

说 明 一 [Explantion 1]

1. 多亏……，（才）……
   How to use "多亏……，（才）……"
   用于表示感谢，相当于"在某人的帮助下有所收获，取得了进步、成绩等"。
   It's used to show gratitude, meaning "making progress and obtaining achievements with the help of someone".
   (1) 多亏你告诉我，我才知道那家公司正在招聘。
   (2) 多亏大家照顾小王，他的病很快就好了。

2. 不然
   How to use "不然"
   相当于"如果不这样"。前边多是表示要求、请求、命令，后边是结果。
   The same as "if one doesn't do this"; it's usually after a sentence of request, demand, or order and before result.
   (1) 你给他打个电话吧，不然他可能不知道我们在等他。
   (2) 多穿点衣服，不然会感冒。

3. 恭敬不如从命
   How to use "恭敬不如从命"
   用于表示接受别人的邀请、礼物等，是一种委婉的表达法。
   You can use it when you accept the invitation or gifts of others, it's a polite expression.
   (1) A：张总，请您先发言。
       B：好吧，那我就恭敬不如从命了。

(2) A：今天是我请客啊！
B：那我就恭敬不如从命了。

词语二 [Words Study 2]

1. 尊敬 zūnjìng distinguished　友好 yǒuhǎo friendly

2. 访问 fǎngwèn visit　合作 hézuò cooperation　支持 zhīchí support　离开 líkāi leave　提议 tíyì propose　干杯 gān bēi toast

3. 收获 shōuhuò harvest

短文

尊敬的华美公司的朋友们：

我们来贵公司访问的时间不长，只有三天，但是多亏了贵公司的合作和支持，我们的收获非常大。明天我们就要离开了，请允许我在这里代表我们公司向贵公司表示感谢。我提议：为我们的友好合作关系，干杯！

说明二 [Explantion 2]

1. "贵"+名词
"贵"+noun

表示对对方的尊称，意思相当于"你的""你们的"，非常正式。
It's used to indicate the respect to others. The meaning is the same as "your" but very formal.

(1) 请问您贵姓?
(2) 贵公司有多少职工?

练习 [Exercises]

1. 回答下面的问题，注意画线词语的意思和用法。
   Answer the following questions and please pay attention to the meaning and use of the words underlined.

   (1) 你什么时候会<u>送礼</u>? 送什么?
   (2) 努力工作会有什么<u>结果</u>?
   (3) 你<u>尊敬</u>谁? 为什么?
   (4) 学习汉语以后，你有什么<u>收获</u>?
   (5) 你的工作需要和别人<u>合作</u>吗? 你喜欢和别人<u>合作</u>的工作吗?
   (6) 你的家人<u>支持</u>你到国外工作或学习吗?

2. 在下面的情况下，怎么用"多亏"表示感谢?
   In the following situation, how to thank others with "多亏".

   (1) 下雨了，你的朋友给你雨伞。
   (2) 你的汽车在半路上坏了，一个人帮你修好了车。
   (3) 你的文件丢在出租车上了，司机发现后还给了你。
   (4) 你在饭馆看不懂菜单，有一个服务员会说英语。

3. 完成下面的句子。
   Finish the following sentences.

   (1) 以后你不能再迟到了，不然_____。
   (2) _____，不然我会很生气。
   (3) _____，不然_____。
   (4) _____，不然_____。

4. 读下面的句子，理解"贵"的意思。
   Read the following sentences and study the meaning of "贵".

   (1) 您贵庚?
   (2) 感谢贵方的支持和帮助。
   (3) 这是我第一次访问贵国。
   (4) 很高兴今天有机会拜访贵府。

5. 两人一组：一个人给另一个人送礼，表示感谢。请尽量用到下面的提示词语和表达方式。

   Divide the class into groups of two, and one presents a gift to show gratitude. Please use as many as possible following words and expressions.

   收下、心意、恭敬不如从命、看不起、感谢、不然、应该、结果

6. 下面是一封没有完成的感谢信，请你把缺少的部分补充上。

   The following is an unfinished thank-you letter. Please fill in the blanks with proper words and expressions.

   ＿＿＿＿＿＿的大明公司：
   　请＿＿＿＿＿我代表公司总经理张华先生＿＿＿＿＿贵公司＿＿＿＿＿＿。多亏了＿＿＿＿＿＿＿＿＿＿＿＿，我们才＿＿＿＿＿＿＿＿＿＿＿＿。
   希望＿＿＿＿＿＿＿＿＿＿＿＿，祝＿＿＿＿＿＿＿＿＿＿＿＿！

   李　明
   2008年6月2日

7. 听后选择。

   Listen and choose the correct answer.

   问：女的收到的花儿有什么含义？
   Q: What do the flowers the woman accept stand for?
   A 祝贺节日　　　B 表达爱情　　　C 表示感谢　　　D 表示歉意

文化点滴 ▷ （Cultural Tips）

送礼
Giving gifts

中国人在送礼和收礼时关心的是：礼品实用吗？值多少钱？中国人常送的礼物是名烟、名酒、保健品，甚至送钱。中国人在送礼时，也常常有自谦的习惯，表现在语言上，常说"小意思""薄礼"等。另外，中国人在收礼时，认为当着送礼人的面打开礼物是不礼貌的行为。

　　Sending and getting a present from others, Chinese usually concern more about whether the present is a practical one and about its price. Common gift ideas include famous-branded cigarettes, wines, healthcare products, or even money. Chinese will also show modesty by saying "小意思" (that's nothing) or "薄礼" (just a small gift).

As for the one accepting the gift, Chinese believe it's impolite to open it in front of the sender.

本课重点表达 ▷ (Learning Points in This Lesson)

	这是我的一点心意。
	多亏了你的热心帮助。
	那是我应该做的。
	恭敬不如从命。
	请允许我在这里代表我们公司向贵公司表示感谢。
	为我们的友好合作关系，干杯！

附录一 听力录音文本
Appendix 1: Listening Script for Recording

第一课

老张是我的好朋友，他长得高高的，瘦瘦的，方脸，眼睛不大，头发不多，可是胡子不少。

答案：B

第二课

(1) 长方形，很薄，塑料的，长8厘米，宽5厘米，有多种颜色，可以用它打电话。
(2) 圆的，很薄，可以放在电脑里听音乐。

答案：(1) 电话卡　(2) CD（光盘）

第三课

(1) 今天比昨天冷。
(2) 张经理没有李经理胖。
(3) 咖啡比绿茶贵。
(4) 102房间不如105房间大。
(5) 邮局比银行远50米。

答案：
(1) 昨天热。
(2) 张经理瘦。
(3) 咖啡贵。
(4) 105房间大。
(5) 银行近。

第四课

今天我太累了。早上先开会，开完会以后，经理让我去大华公司谈生意。一回到公司，就忙着准备后天开会需要的资料。到晚上8点才吃晚饭，回到家已经10点半了。

答案：3421

第五课

男：你怎么哭了？
女：我弟弟给我打电话，说我爸病了……
男：那你应该回老家看看啊！
女：我跟张经理请假，可是他没准假。
男：为什么？
女：他说现在太忙了，让我过几天再回去。
男：你去跟刘经理说说，我想他会答应的。
女：是吗？谢谢你。

第六课

A：小赵，小赵！
B：啊，啊，怎么了？
A：现在是上班时间，你怎么睡觉了？
B：真对不起，为了准备资料，昨天开夜车了，所以……
A：如果老板看见，你就倒霉了！
答案：C

第七课

男：你看我穿这身衣服帅不帅？
女：总的来说不错，只是黄色的领带和西服有点不配。
男：是吗？那你说什么颜色好？
女：我看看，啊，如果换这条蓝色的是不是更好？
答案：C

第八课

女：周末有时间吗？
男：有事吗？
女：我请了几个朋友到家里来吃饭，如果你有时间的话，也来吧！
男：太好了！需要我准备什么吗？
女：不用，准备好你的嘴就行了。

第九课

(1) 小王连一句汉语也不会说。
(2) 赵经理让老李告诉小张去一下办公室。

(3) 祝贺你的儿子大学毕业，又找到了好的工作！
答案：（1）错　　（2）对　　（3）错

第十课

(1) 这儿的饭菜糟糕透了，我再也不会来了。
(2) 我最讨厌我爱人吃饭的时候看电视了。
(3) 放假的时候，到处都是人，我只想在家里休息。
参考答案：(1)饭菜不好吃　　(2)爱人的坏习惯　　(3)放假的时候,人太多

第十一课

女：小王这个人怎么样？
男：哪个小王？
女：就是你们公司新来的那个啊！
男：哦，还不错，长得很帅，也很能干。
女：我听说他还是一个网球高手？
男：高什么啊，我们一起打过，不过会打罢了。
答案：B

第十二课

男：这花儿真漂亮，一定是男朋友送的吧？
女：哪儿啊，是一个同事送的。
男：今天又不是什么节日，为什么送你花儿啊？
女：是这样的，一个日本人在我们公司工作了半年，回国之前送给每个人一些花儿表示感谢。
男：哦，是这样啊！
答案：C

附录二 练习参考答案
Appendix 2: Answers

第一课

练习一 1.两个人一组，模仿例子，对画线部分进行替换问答。
- (1) A：墙上有什么？　　　　B：墙上有地图。
- (2) A：桌子上有什么？　　　B：桌子上有传真机。
- (3) A：架子上有什么？　　　B：架子上有打印机。
- (4) A：房间里有什么？　　　B：房间里有桌子和椅子。
- (1) A：电话在哪儿？　　　　B：电话在桌子上。
- (2) A：文件在哪儿？　　　　B：文件在文件柜里。
- (3) A：复印机在哪儿？　　　B：复印机在桌子旁边。
- (4) A：文件柜在哪儿？　　　B：文件柜在桌子左边。
- (1) A：桌子上放着什么？　　B：桌子上放着电脑。
- (2) A：笔筒里放着什么？　　B：笔筒里放着文具。
- (3) A：墙上挂着什么？　　　B：墙上挂着地图。
- (4) A：复印机上放着什么？　B：复印机上放着复印纸。

3.选用存在句的三种表达方式回答问题。
- (1) 看见了，你的记事本在办公桌上。
- (2) 不是，我的办公桌在小张的旁边。
- (3) 老张的房间里放着一台复印机。
- (4) 书架上有我的照片。

练习二 1.两个人一组，看图进行对话练习。
- (1) 张经理又高又胖，头发短短的。
- (2) 李秘书瘦瘦的，脸圆圆的，眼睛大大的。
- (3) 刘总又高又瘦，嘴上有胡子。

第二课

练习 1.看图用"有+多+adj."提问，用"有+数量结构（+adj.）"回答。
- (1) 问：从公司到地铁站有多远？　　答：有500米。
- (2) 问：这个箱子有多大？　　　　　答：有85厘米长，50厘米宽，40厘米高。
- (3) 问：今天的温度有多高？　　　　答：有30度。
- (4) 问：这个包裹有多重？　　　　　答：有4公斤。

2.看图用"名词成分+的"说句子。
（1）文件是刘总的。
（2）瓶子是塑料的。
（3）帽子是黄色的。
（4）名片是张明的。

第三课

复习　用"A比B+形容词+（数量成分）"表达。
（1）小张比小王高一点。
（2）这个相机比那个相机便宜一百多块。
（3）A房间比B房间低三度。
（4）张总的办公室比赵副经理的办公室大。

练习　1.用"不如/没有"改写下面的句子。
（1）我的房间不如/没有你的房间大。
（2）这本书不如/没有那本书便宜。
（3）弟弟不如/没有哥哥高。
（4）开车不如/没有坐地铁快。

2.看图填空。
（1）张经理和李经理一样，都穿着西服，拿着公文包。
（2）小美和小强一样，都喜欢吃汉堡。
（3）小明和小亮不一样，小明比小亮大三岁。
（4）这种啤酒和那种啤酒不一样，这种啤酒比那种啤酒便宜5毛。

第四课

练习　1.选词填空。
（1）然后　　　　　　　　　　　（2）后来　　以后

2.两个人一组，看图，根据词语提示模仿例句问答。
（1）问1：路上怎么了？　　　　　答1：路上堵车了。
　　 问2：堵车的时候，你怎么办？　2：堵车的时候，我给公司打电话。
（2）问1：他怎么了？　　　　　　答1：他丢了钥匙。
　　 问2：丢了钥匙的时候，他怎么办？　答2：丢了钥匙的时候，他换一个锁。

3.用"时间词语+才+动词性成分"表达。
（1）他早上10点才起床。　　　（2）他晚上8点才吃饭。
（3）从公司到我家，开车一个小时才到。　（4）会议5点才开完。

4.用"总算"表达。
（1）你总算来了。　　　　　　　（2）总算可以回家了！
（3）总算不堵车了。　　　　　　（4）经理总算同意我的计划了。

—82—

5.选择对话中的词语填空。

今天真是倒霉的一天!早上一出门我发现汽车的车胎坏了,我只好坐公共汽车,没想到公共汽车半路也坏了。我只好打车,等了半天才上了一辆出租车。还好,到办公室的时候老板还没来。老板来了以后,我才发现今天开会需要的资料在那辆出租车上!幸运的是,最后我有出租车的发票,所以找到了资料。

第五课

练习

1.连词成句
　(1) 经理把记事本放好。　　　　(2) 小张把西服穿上。
　(3) 我把饺子吃完了。

2.用"说好"完成对话。
　(1) 今晚我和家人说好去看电影了　(2) 我和小张说好去海南旅游。
　(3) 我们说好明年春节结婚。

3.看图用"还是"表达。
　(1) 你喝茶还是咖啡?　　　　　　(2) 这是老张还是小张的手机?
　(3) 今天我穿裙子还是裤子?

4.说一说。
　(1) 一个好的老板会关心员工/准假/努力工作。
　(2) 情人节我会送玫瑰花给女朋友/和朋友一起吃饭/和男朋友去看电影。
　(3) 身体不舒服的时候,我会去医院/在家休息/吃药。
　(4) 下雨的时候,我会想家。
　　　开车的时候,小张会听音乐。
　　　上班的时候,经理会给你打电话。

第六课

练习

1.说说下面句子的意思并朗读。
　(1) 你病了,不吃药不行。　　　　(2) 他是冷血动物,没有人喜欢他。
　(3) 我不知道刘总的电话。　　　　(4) 没有地方比家里更好。

2.一个人什么时候会说下面的句子。
　(1) 非常讨厌出差　　　　　　　　(2) 离婚的时候,对婚姻很失望
　(3) 在公司的工作不顺利,很生气　(4) 和他吵架、闹矛盾了

3.改错
　(1) 经理准我的假了。　　　　　　(2) 我们见了三次面。
　(3) 我打算请一个星期假。　　　　(4) 开会以前,大家聊了一会儿天。

4.用"不是……就是……"回答。

(1) 不是下周三就是下周四。　　(2) 不是当公务员就是当中学老师。

(3) 今天是周末,他不是去约会就是回父母家了。

(4) 放假的时候,我不是在家休息就是去旅游。

5.用"老"说明原因。

(1) 他老抽烟。　　　　　　　　(2) 我们老加班。

(3) 他们老吵架。　　　　　　　(4) 我的手机老出毛病。

6.两个人一组,根据下面的情况表演,一个人道歉并说明原因,另一个人可以接受道歉,也可以不接受。

(1) A：对不起,对不起,你没事吧?

　　B1：没关系,你走吧!

　　B2：你怎么骑车呢? 没长眼睛啊!

(2) B：抱歉,路上堵车,来晚了。

　　A1：没关系,我也刚到。

　　A2：怎么回事,让我等了你这么长时间!

(3) A：不好意思,我得先走了,老板找我呢,你慢慢吃啊!

　　B：没事,你快去吧!

(4) A：我下次不会这样了。

　　B1：没什么,最近太累了吧?

　　B2：一会儿到我办公室来!

第七课

练习 1.用"够……的"表达。

(1) 今天够冷的。　　　　　　　(2) 这个孩子够聪明的。

(3) 这个工作够累的。　　　　　(4) 你们的办公室够大的。

(5) 这本书够难的。

2.用"总的来说……,只是……"提出你的意见。

(1) 总的来说不错,只是价格比较高。

(2) 这间办公室总的来说很好,只是有点儿小。

(3) 他的汉语总的来说很流利,只是有点儿外国口音。

(4) 四川菜总的来说很好吃,只是有的菜太辣了。

(5) 总的来说很满意,只是时间短了一点儿。

3.两个人一组,用下面的句型,根据提供的场景,一个人询问后,另一个人提出意见或建议。

(1) 女：味道好不好?

　　男：你看,再放点盐怎么样?

(2) 孩子：妈妈,我画的怎么样?

　　妈妈：如果再画一些花和草是不是更好?

(3) 职员：我不知道哪天去比较好。
　　　　老板：我觉得你最好星期四去。
4. 在下边的选择中，请用"就……了"做出你的决定。
　　(1) 就上哈佛了。　　　　　(2) 就吃比萨了。
　　(3) 就去西藏了。　　　　　(4) 就看恐怖片了。

第八课

练习 2. 用"哪儿啊"或"看你说的"应答。
　　(1) B：哪儿啊，那是我弟弟。　　(2) B：看你说的，咱们得互相帮助啊！
　　(3) B：哪儿啊，刚才我还看见他了。 (4) B：看你说的，你太谦虚了！
3. 说说下面哪些是"巧"的事情，哪些是"不巧"的事情，然后用"巧"或"不巧"表达。
　　(1) 太巧了，我在商店遇到了小王。
　　(2) 我正要出去，真不巧，下雨了。
　　(3) 我刚到博物馆，博物馆就开门了，真是太巧了。
　　(4) 我去了美国，不巧的是，我的朋友来中国了。
　　(5) 我和女朋友的生日是同一天，真是太巧了！
4. 小组活动
A：这个周末你们有空吗？有没有兴趣来我的新家看一看？
B：好啊，我很想去，不过，不会给你添麻烦吧？
A：看你说的，我高兴还来不及呢！
C：太不巧了，这个周末我们同学说好一起出去玩儿了。
A：没关系，我想以后还会有机会。
C：真遗憾！不过，还是得谢谢你的邀请。

第九课

练习 4. 用"让"改写下面的句子。
　　(1) 经理让小王去他的办公室。　(2) 妈妈让孩子不要喝可乐，喝点儿水。
　　(3) 张华让李明明天加班。　　　(4) 我让大家去我家玩儿。
5. 用"连……也……"说明程度。
　　(1) 他连10块钱也没有。　　　(2) 我连饭都不想吃。
　　(3) 这个问题连5岁的孩子都知道。(4) 连小王的父母都不喜欢小王。
6. 用"祝"或"祝贺"表达。
　　(1) 祝你一路平安！　　　　　(2) 祝贺你，当妈妈了！
　　(3) 祝你生日快乐！　　　　　(4) 祝你早日康复！
　　(5) 祝贺你找到工作！

第十课

练习 4.用"到处都……"表达。
(1) 在中国到处都有自行车。　　(2) 这条路上到处都是商店。
(3) 房间里到处都是书。　　(4) 圣诞节前,到处都是买礼物的人。

5.用"才……就……"表达。
(1) 才6点就起床了。　　(2) 才学了10分钟就累了。
(3) 才35岁就当经理了。　　(4) 才15岁就出国留学了。

6.完成句子。
(1) 只要工作不忙,我就每天去健身。　　(2) 只要质量好,我就买。
(3) 只要明天是晴天,我们就去爬山。　　(4) 只要张经理同意,我就同意。

第十一课

练习 2.用"家常便饭"表达下面的意思。
(1) 在英国,下雨是家常便饭。
(2) 小王和妻子吵架是家常便饭。
(3) 对他来说,出差是家常便饭。
(4) 小李不会做饭,所以去饭馆吃饭是家常便饭。

3.用"形容词+什么"表示不同意。
(1) B:贵什么,那件衣服1000多呢!
(2) B:不错什么啊,看的时候,我都睡着了。
(3) B:好吃什么啊,我还是爱吃中餐。

4.用"说不上……,只是……罢了"表示谦虚。
(1) 我的汉语说不上和中国人一样,只是会说几句罢了。
(2) 他说不上聪明,只是努力罢了。
(3) 说不上喜欢,只是信任我罢了。

第十二课

练习 2.在下面的情况下,怎么用"多亏"表示感谢?
(1) 多亏有你的雨伞,我才能回家。　　(2) 多亏你帮我修好了车,谢谢!
(3) 多亏你发现了我的文件,太感谢了!　　(4) 多亏你会说英语,我才能点菜。

3.完成下面的句子。
(1) 以后你不能再迟到了,不然会被开除的。
(2) 你有什么需要都可以告诉我,不然我会很生气。
(3) 明天请你提醒我一下,不然我可能会忘了。
(4) 你应该学习汉语,不然工作的时候会很麻烦。

5.两个人一组:一个人给另一个人送礼,表示感谢。请尽量用到下面的提示词语和表达方式。
A：这是我的一点心意，请你收下。
B：为什么给我送礼啊？
A：感谢你啊，多亏你帮忙，我才有现在这份工作啊。
B：看你说的，你得到这份工作是你自己努力的结果，再说，我帮你也是应该的。
A：你就收下吧，不然就是看不起我。
B：那我就恭敬不如从命了。谢谢你！

附录三 生词总表
Appendix 3: Vocabulary List

A

哎呀	āiyā	8
矮	ǎi	1
安静	ānjìng	3
安排	ānpái	5

B

罢了	bàle	11
办公室	bàngōngshì	1
半路	bànlù	4
包涵	bāohan	9
薄	báo	2
抱歉	bàoqiàn	6
笨	bèn	3
鼻子	bízi	1
别人	biérén	5
冰箱	bīngxiāng	4
病	bìng	4
玻璃	bōli	2
不巧	bùqiǎo	8
不如	bùrú	3

C

才	cái	4
材料	cáiliào	2
财源广进	cáiyuán guǎngjìn	9
参加	cānjiā	5
长	cháng	1
吵架	chǎo jià	4
车胎	chētāi	4
成功	chénggōng	9
重复	chóngfù	10
出席	chūxí	8
厨艺	chúyì	11
传统	chuántǒng	2
传真机	chuánzhēnjī	1
此	cǐ	8
聪明	cōngming	3
错	cuò	3

D

答应	dāying	5
打印机	dǎyìnjī	1
大家	dàjiā	5
大小	dàxiǎo	2
代表	dàibiǎo	9
代劳	dàiláo	9
单	dān	5
胆小	dǎnxiǎo	3
到处	dàochù	10
第	dì	7
地图	dìtú	1
地址	dìzhǐ	8
典礼	diǎnlǐ	8
丢	diū	4
短	duǎn	1
对	duì	7
对不起	duìbuqǐ	6
多亏	duōkuī	12

E

| 耳环 | ěrhuán | 7 |

F

烦	fán	10
饭店	fàndiàn	11
方	fāng	2
访问	fǎngwèn	12
放心	fàng xīn	5
丰富	fēngfù	3
夫人	fūren	11
福气	fúqi	11
复印机	fùyìnjī	1

G

干杯	gān bēi	12
干净	gānjìng	3
敢	gǎn	6
高级	gāojí	11
个子	gèzi	1
根本	gēnběn	10
管	guǎn	9
光盘	guāngpán	2
过奖	guòjiǎng	11
恭敬不如从命	gōngjìng bùrú cóng mìng	12
功能	gōngnéng	2
够	gòu	7

H

汉堡	hànbǎo	3
好吃	hǎochī	3
好看	hǎokàn	3
合	hé	11
合作	hézuò	12
哼	hng	10
红色	hóngsè	3
厚	hòu	2
后来	hòulái	4
后天	hòutiān	6
胡子	húzi	1
坏	huài	4
回复	huífù	8
婚礼	hūnlǐ	5

J

机会	jīhuì	6
吉	jí	9
纪念品	jìniànpǐn	7
记事本	jìshìběn	2
家常便饭	jiācháng biànfàn	11
加上	jiāshàng	7
价格	jiàgé	2
简单	jiǎndān	3
减速	jiǎn sù	10
结果	jiéguǒ	12
借口	jièkǒu	6
金属	jīnshǔ	2
精通	jīngtōng	7
经验	jīngyàn	7
举行	jǔxíng	8
聚	jù	6
觉得	juéde	3

K

卡	kǎ	2
开会	kāi huì	4
开玩笑	kāi wánxiào	9
开业	kāiyè	8
开夜车	kāi yèchē	6
看不起	kànbuqǐ	12
考虑	kǎolǜ	5
可能	kěnéng	5
可气	kěqì	10
客气	kèqi	6
空调	kōngtiáo	2
恐怕	kǒngpà	5
口味	kǒuwèi	11
哭	kū	4
宽	kuān	2

L

来宾	láibīn	9
老	lǎo	6
老板	lǎobǎn	4
老家	lǎojiā	5
冷血动物	lěngxuè dòngwù	6
离开	líkāi	12
厘米	límǐ	2
理解	lǐjiě	6
理想	lǐxiǎng	10
脸	liǎn	1
领导	lǐngdǎo	9
流行	liúxíng	2

M

骂	mà	10
忙	máng	3
美味	měiwèi	11
面子	miànzi	9
明白	míngbai	4
名不虚传	míng bù xū chuán	11
木头	mùtou	2

N

耐心	nàixīn	10
难	nán	6
难看	nánkàn	3
闹钟	nàozhōng	6
能干	nénggàn	11
努力	nǔlì	10

P

牌子	páizi	2
派	pài	4
胖	pàng	1
皮革	pígé	2
漂亮	piàoliang	3
破	pò	10

Q

启事	qǐshì	7
签字	qiān zì	5
强大	qiángdà	2
亲自	qīnzì	9
清淡	qīngdàn	3
轻松	qīngsōng	3
请假	qǐng jià	5
请柬	qǐngjiǎn	8
全	quán	2

R

然后	ránhòu	5
让	ràng	9
热烈	rèliè	9
热闹	rènao	3
热心	rèxīn	12
人气	rénqì	8

S

生气	shēngqì	4
湿	shī	10
实现	shíxiàn	10
实在	shízài	6
试	shì	6
事情	shìqing	4
市长	shìzhǎng	9
收获	shōuhuò	12
收下	shōuxià	12
瘦	shòu	1
数码相机	shùmǎ xiàngjī	2
帅气	shuàiqì	3
水平	shuǐpíng	7
送礼	sòng lǐ	12
塑料	sùliào	2
锁	suǒ	4
所有	suǒyǒu	9

T

讨厌	tǎoyàn	10
特别	tèbié	6

特色	tèsè	7
提	tí	4
提升	tíshēng	12
提议	tíyì	12
添	tiān	8
填	tián	5
挑战	tiǎozhàn	10
停	tíng	6
同事	tóngshì	4
同样	tóngyàng	10
同意	tóngyì	6
头发	tóufa	1
透	tòu	10

W

完	wán	4
围巾	wéijīn	7
伟大	wěidà	11
为了	wèile	6
温柔	wēnróu	3
文件柜	wénjiànguì	1
文具	wénjù	1
问题	wèntí	5
无聊	wúliáo	10
无缘无故	wúyuán wúgù	12

X

细	xì	1
先	xiān	4
鲜艳	xiānyàn	2
现代	xiàndài	3
效率	xiàolǜ	7
心意	xīnyì	12
兴隆	xīnglóng	9
形状	xíngzhuàng	2
幸运	xìngyùn	4
修改	xiūgǎi	7
需要	xūyào	4

Y

言重	yánzhòng	9
眼睛	yǎnjing	1
样子	yàngzi	1
邀请	yāoqǐng	8
钥匙	yàoshi	4
一流	yīliú	11
医院	yīyuàn	4
遗憾	yíhàn	8
以后	yǐhòu	4
以前	yǐqián	5
椅子	yǐzi	1
意见	yìjiàn	7
意思	yìsi	4
应该	yīnggāi	5
勇敢	yǒnggǎn	3
油腻	yóunì	3
友好	yǒuhǎo	12
有名	yǒumíng	2
有钱	yǒuqián	3
有意思	yǒu yìsi	3
遇到	yùdào	10
圆	yuán	2
圆满	yuánmǎn	9
原谅	yuánliàng	6
原因	yuányīn	5
允许	yǔnxǔ	9

Z

咱们	zánmen	9
脏	zāng	3
脏乎乎	zānghūhū	10
招呼	zhāohu	9
着急	zháojí	10
照顾	zhàogù	9
照片	zhàopiàn	1
真丝	zhēnsī	7
珍珠	zhēnzhū	7
整	zhěng	8

正式	zhèngshì	7
支持	zhīchí	12
直说	zhíshuō	7
只好	zhǐhǎo	4
只要	zhǐyào	10
周	zhōu	9
祝贺	zhùhè	9
准备	zhǔnbèi	5
准假	zhǔn jià	5
桌子	zhuōzi	1
兹订于	zī dìng yú	8
资料	zīliào	4
自己	zìjǐ	7
总算	zǒngsuàn	4
嘴	zuǐ	1
最后	zuìhòu	4
尊敬	zūnjìng	12

附录四 本书12个话题的常用句
Appendix 4: Common Sentences on 12 Topics of This Book

	话题功能	常用句
L1	描述办公室和人物的样子	文件在哪儿？ 桌子上有一台电脑。 柜子里放着很多文件。 他长什么样？ 她高高的，头发又黑又长。
L2	询问及介绍产品的外观	这是什么？ 它是什么形状的？ 有多大？ 这是塑料的。 复印机是佳能的。
L3	比较事物和人物	红色的和黑色的一样漂亮。 塑料的不如木头的舒服。 小黄没有小王聪明。 他们的爱好一样，都喜欢打网球。
L4	叙述事情的经过	等了半天才坐上车。 到办公室的时候，老板还没来。 后来呢？ 老板来了以后，我们要开会了。 最后总算找到了。
L5	请求与应答	您现在方便吗？有件事想跟您商量。 能请假吗？ 这个周末我恐怕不能加班。 有什么事就说吧。 没问题。 你再考虑一下。
L6	道歉与应答	实在抱歉。 下次再也不敢了。 再原谅我一次吧。

L6	道歉与应答	这不是你的错。 你老有借口。 谢谢你的理解。 再给你一次机会。
L7	建议及应答	您看这对珍珠耳环怎么样？ 你帮我看看，提提意见。 总的来说不错。 如果写"精通汉语"是不是更好？ 最好加上"需要经常出差"。
L8	邀请及应答	你有没有兴趣参加公司的开业典礼？ 敬请光临。 太不巧了，真遗憾。 谢谢你的邀请。 以后还有机会。
L9	祝贺及应答	开业大吉！财源广进！生意兴隆！ 祝开业庆典圆满成功！ 请允许我代表……对……表示热烈祝贺！ 照顾不周，请多包涵。 让王秘书代劳就行了。
L10	抱怨及应答	真讨厌，我最烦下雨了。 最可气的是 我真想骂他几句。 这个破工作！ 无聊透了！ 这不是我想要的生活。
L11	夸赞及应答	赵总是球场高手。 最让我佩服的是 厨艺一流。 名不虚传 过奖了。 说不上高手，只是一个爱好罢了。
L12	感谢及应答	这是我的一点心意，请收下。 多亏了你的帮助。 感谢你。 那是我应该做的。 恭敬不如从命。